Protección Espiritual

La guía definitiva para la autodefensa psíquica y el yoga kundalini

© Copyright 2025

Todos los derechos reservados. Ninguna parte de este libro puede ser reproducida de ninguna forma sin el permiso escrito del autor. Los revisores pueden citar breves pasajes en las reseñas.

Descargo de responsabilidad: Ninguna parte de esta publicación puede ser reproducida o transmitida de ninguna forma o por ningún medio, mecánico o electrónico, incluyendo fotocopias o grabaciones, o por ningún sistema de almacenamiento y recuperación de información, o transmitida por correo electrónico sin permiso escrito del editor.

Si bien se ha hecho todo lo posible por verificar la información proporcionada en esta publicación, ni el autor ni el editor asumen responsabilidad alguna por los errores, omisiones o interpretaciones contrarias al tema aquí tratado.

Este libro es solo para fines de entretenimiento. Las opiniones expresadas son únicamente las del autor y no deben tomarse como instrucciones u órdenes de expertos. El lector es responsable de sus propias acciones.

La adhesión a todas las leyes y regulaciones aplicables, incluyendo las leyes internacionales, federales, estatales y locales que rigen la concesión de licencias profesionales, las prácticas comerciales, la publicidad y todos los demás aspectos de la realización de negocios en los EE. UU., Canadá, Reino Unido o cualquier otra jurisdicción es responsabilidad exclusiva del comprador o del lector.

Ni el autor ni el editor asumen responsabilidad alguna en nombre del comprador o lector de estos materiales. Cualquier desaire percibido de cualquier individuo u organización es puramente involuntario.

Su regalo gratuito

¡Gracias por descargar este libro! Si desea aprender más acerca de varios temas de espiritualidad, entonces únase a la comunidad de Mari Silva y obtenga el MP3 de meditación guiada para despertar su tercer ojo. Este MP3 de meditación guiada está diseñado para abrir y fortalecer el tercer ojo para que pueda experimentar un estado superior de conciencia.

https://livetolearn.lpages.co/mari-silva-third-eye-meditation-mp3-spanish/

¡O escanee el código QR!

Índice de contenidos

PRIMERA PARTE: PROTECCIÓN PSÍQUICA 1
INTRODUCCIÓN 3
CAPÍTULO 1: ¿POR QUÉ NECESITAMOS PROTECCIÓN PSÍQUICA? 5
CAPÍTULO 2: PREPARE PRIMERO SU PSIQUE 16
CAPÍTULO 3: LIMPIEZA DEL ALMA Y DEL KARMA 27
CAPÍTULO 4: LIMPIANDO TU ESPACIO Y EL DE LOS DEMÁS 37
CAPÍTULO 5: DESPUÉS DE LA LIMPIEZA: LA CURACIÓN DEL AURA 50
CAPÍTULO 6: INVOCANDO LA PROTECCIÓN DE LOS ÁNGELES 61
CAPÍTULO 7: PIEDRAS, PLANTAS Y SÍMBOLOS DE PROTECCIÓN 70
CAPÍTULO 8: ROMPER MALDICIONES, HECHIZOS Y ATADURAS 80
CAPÍTULO 9: CÓMO PROTEGERSE Y PROTEGER A SUS SERES QUERIDOS 91
CAPÍTULO 10: RITUALES PARA PROTEGER SU HOGAR 103
CONCLUSIÓN 117

- SEGUNDA PARTE: KUNDALINI YOGA 119
  - INTRODUCCIÓN 121
  - CAPÍTULO 1: USTED Y SU KUNDALINI SHAKTI 123
  - CAPÍTULO 2: CONOZCA SUS CHAKRAS 133
  - CAPÍTULO 3: PREPARAR LOS CHAKRAS PARA LA SERPIENTE 147
  - CAPÍTULO 4: PRANAYAMA Y DRISHTI: CONCENTRARSE Y RESPIRAR 162
  - CAPÍTULO 5: LIBERAR LA ENERGÍA CON MUDRAS Y MANTRAS 173
  - CAPÍTULO 6: CÓMO HACER MEDITACIÓN KUNDALINI 183
  - CAPÍTULO 7: ARAMBHA, EL DESPERTAR DE LA RAÍZ 194
  - CAPÍTULO 8: GHATA - DESBLOQUEANDO EL CHAKRA DEL CORAZÓN 204
  - CAPÍTULO 9: PACIHAYA Y NISHPATTI - DESBLOQUEANDO SU CORONILLA 213
  - CAPÍTULO 10: LA ENERGÍA KUNDALINI HA DESPERTADO, ¿Y AHORA QUÉ? 221
  - GLOSARIO DE TÉRMINOS 229
  - CONCLUSIÓN 231
- VEA MÁS LIBROS ESCRITOS POR MARI SILVA 233
- SU REGALO GRATUITO 234
- REFERENCIAS: 235
- FUENTES DE IMÁGENES 243

Primera Parte: Protección psíquica

Guía de autodefensa espiritual para la protección angélica, el karma, la limpieza del alma, la curación del aura y la defensa contra la energía negativa

Introducción

Las personas se comunican con las energías de los demás todo el tiempo. Establecer límites para la comunicación energética puede ser un reto. Sin embargo, protegerse de las energías de los demás es fundamental para mantener el equilibrio energético y un estado mental saludable. Algunas personas son más sensibles a las vibraciones de los demás y tienen dificultades para separarse de las influencias energéticas que les afectan. Pueden captar más fácilmente las emociones de la gente, lo que les afecta. Sin embargo, aunque no pertenezca a esta categoría, el estrés, la fatiga y la falta de límites pueden hacerle más vulnerable a las influencias negativas y a los ataques psíquicos. En cualquier caso, no está de más protegerse conscientemente de los efectos energéticos.

Las conexiones psíquicas pueden ser beneficiosas. Por ejemplo, pueden ayudarle a establecer vínculos en las relaciones o a comprender mejor cómo se relaciona con los demás y consigo mismo como persona. Sin embargo, no es saludable permitir que personas que no le son cercanas o que le desean el mal impacten en sus vibraciones. Incluso si sus emociones y vibraciones son positivas, a veces, simplemente quiere ser consciente de sus sentimientos. Ser consciente de uno mismo es fundamental para comprender por qué tiene sentimientos específicos. No puede lograrlo si siempre se ve afectado por las energías de otras personas. Digamos que está en un buen momento emocional, pero pasa tiempo con un amigo que está pasando por un mal momento. Sentirá los efectos de sus vibraciones negativas y puede que le cueste separar sus emociones de las suyas.

La protección psíquica puede ayudarle a separar los sentimientos y pensamientos de los demás de los suyos. Para quienes son más sensibles (temporal o permanentemente) a las energías de los demás, captar sus sentimientos es tan fácil como coger un resfriado. Aprender a aislar sus sentimientos le ayudará a identificar las vibraciones de otras personas, filtrar estos sentimientos o bloquearlos si es necesario.

Este libro le introduce al establecimiento de límites psíquicos y a la creación de un espacio seguro para sus emociones. A través de ejercicios prácticos, comprenderá mejor quién es y cómo le afectan las energías de los demás. Le ayudarán a centrarse y conectarse a tierra para alejar y liberar influencias no deseadas. Prestar atención a sus chakras y auras es crucial para contener su energía y establecer límites psíquicos.

Tras hacer hincapié en la importancia de la protección psíquica, este libro le enseña a preparar su psique proporcionándole consejos y ejercicios para elevar su vibración y agudizar sus habilidades psíquicas. Se le proporcionarán numerosas técnicas, rituales de limpieza e instrucciones para limpiar a fondo su alma. Además, el libro incluye varios rituales de limpieza sencillos y métodos para limpiar su espacio y el de los que le rodean. Una vez limpia, deberá sanar su aura y revertir los daños anteriores.

Varios capítulos están dedicados a diferentes herramientas que puede utilizar para la protección psíquica. En primer lugar, aprenderá a invocar a sus ángeles de la guarda o a un arcángel para pedirles protección contra los ataques psíquicos. Luego, dominará el arte de usar cristales protectores, plantas y símbolos para la protección. Además, se le enseñará a utilizar hechizos para defenderse de maldiciones, maleficios y vínculos, apegos o relaciones no deseados. Por último, este libro ofrece un montón de maneras fáciles de usar para protegerse en casa o en el trabajo, alejar las vibraciones negativas de su hogar, y proteger a sus seres queridos, mascotas o niños, tanto si están cerca de usted o se encuentran lejos.

Capítulo 1: ¿Por qué necesitamos protección psíquica?

Los encuentros con otras personas pueden provocar una contaminación energética[1]

Al iniciarse en el camino de la autodefensa espiritual, muchas personas se preguntan por qué es necesaria la protección psíquica. Esta pregunta surge más a menudo cuando se realizan rituales, incluyendo la manifestación de energía, enfatizando la protección incluso cuando el ritual es por amor, dinero o curación. Las personas mundanas se preguntan por qué es necesaria esta protección, qué peligros existen y si los ataques psíquicos son tan peligrosos cómo para requerir una protección adecuada. Sin embargo, no hay respuestas sencillas a estas preguntas. Primero debe comprender el concepto de energía y cómo le afecta para entender por qué necesita protección contra lo invisible.

Piense en lo siguiente. Durante el día, usted se relaciona con múltiples personas, ya sea en casa, haciendo la compra o simplemente paseando por la calle. Cada persona tiene un aura energética, que afecta directamente a su campo energético. Cuando se relaciona con estas personas, se ve afectado por su estado emocional y su energía. Sus interacciones con los demás crean conexiones emocionales, un aspecto natural del ser humano, y sea consciente de ello o no, estas conexiones emocionales le afectan negativamente. Por supuesto, esto no quiere decir que todas las interacciones puedan afectar negativamente a su energía, sino sólo aquellas con proyecciones dañinas.

Según las leyes de la física, todo en el mundo está hecho de energía en movimiento, incluida su existencia. Así que, en este contexto, sus encuentros diarios con otras personas, ya sean familiares, amigos, colegas o extraños al azar, son esencialmente el encuentro de cuerpos energéticos. Este encuentro provoca una contaminación energética. De hecho, no puede ver esta energía, del mismo modo que no puede ver los gérmenes a simple vista, pero eso no quita que los gérmenes existan. La energía impregna todo lo que le rodea.

Por ejemplo, las emociones son energía. ¿Alguna vez ha entrado en una habitación donde dos personas acaban de terminar una acalorada discusión y ha sentido la tensión y la pesadez del ambiente sin ser consciente de la situación? Esta sensación de malestar y agitación es normal. Aunque no posea habilidades psíquicas, su cuerpo reacciona a estímulos invisibles. Pueden influir en su estado de ánimo, sus niveles de estrés y su bienestar general.

Otro ejemplo de cómo la energía afecta a sus pensamientos y emociones es cuando conoce a alguien por primera vez y se siente instantáneamente atraído por él o, por el contrario, siente incomodidad o malestar. ¿A qué cree que se debe esta impresión inicial? O, como dicen los jóvenes, ¿qué cree que son las vibraciones de una persona? Son la conexión energética entre usted y la otra persona. Del mismo modo, si ha tenido una corazonada sobre algo y más tarde ha descubierto que su intuición era correcta, esta respuesta intuitiva es el resultado de la percepción energética, aunque no pueda verla.

La energía se presenta de muchas formas (discutidas más adelante en el capítulo), pero usted debe ser especialmente cuidadoso al tratar con la energía negativa. Las energías negativas y los ataques psíquicos son energías que le afectan negativamente. La energía negativa puede proceder de muchas fuentes, como el entorno, los objetos o las personas con emociones o intenciones negativas. Si está expuesto a esta energía durante largos periodos, puede agotarle mental y físicamente. Por otro lado, los ataques psíquicos son ataques energéticos intencionados y siempre directos de una persona a otra. Aunque la intención de estos ataques puede ir desde una leve molestia a un odio en toda regla, se manifiestan de diversas formas, como pesadillas, enfermedades repentinas, agotamiento mental o un pavor o ansiedad inexplicables.

La necesidad de protección psíquica no siempre proviene de un peligro aparente, pero sigue siendo crucial, no obstante. Mucha gente malinterpreta la necesidad de protección psíquica sólo cuando hay un espíritu maligno que alejar o una necesidad de defenderse contra ataques conocidos de sus detractores. Sin embargo, las amenazas potenciales pueden adoptar muchas formas, y siempre es mejor estar preparado para ellas. Los ataques psíquicos son muy parecidos a las maldiciones, salvo que no requieren herramientas mágicas rituales. Sin embargo, el impacto es prácticamente el mismo, es decir, devastador. Las personas que practican los ataques psíquicos no necesitan recurrir a velas, símbolos, altares o rituales, sino que manifiestan su energía negativa y su intuición para causar daño, sufrimiento o desgracia a su víctima.

Por lo tanto, la protección psíquica debería ser absolutamente esencial, especialmente para quienes se dedican al trabajo energético o a la magia espiritual. Todo está hecho de energía, lo que significa que sus campos energéticos interactúan continuamente con los que le rodean, haciéndole vulnerable a las energías negativas y a los ataques psíquicos. Éstos pueden afectar gravemente a su bienestar físico, emocional y mental. La protección psíquica le será muy útil; actúa como escudo contra estas fuerzas negativas y le permite mantener un estado mental positivo. Las técnicas regulares de protección, como el enraizamiento, la visualización y la limpieza, fortalecen sus límites energéticos y aumentan su resistencia a las energías negativas, permitiéndole navegar por la vida con mayor facilidad y positividad.

Entendiendo la energía

En el contexto de la protección psíquica y el trabajo energético, la energía se refiere a la fuerza vital que impregna todo en el universo, tangible e intangible. Es la fuerza invisible que fluye en su interior y a su alrededor, dando forma a sus experiencias e interacciones con el mundo. Esta energía no es ni buena ni mala; simplemente es. Puede ser positiva o negativa, dependiendo de cómo se aproveche y utilice. En el trabajo energético, los profesionales tratan de aprovechar esta fuerza y manipularla para lograr resultados concretos, como la curación, la manifestación o la protección psíquica. Comprender la naturaleza de la energía y cómo interactúa con sus campos energéticos es crucial si planea dedicarse al trabajo energético o a la protección psíquica. Existen diferentes energías, incluyendo:

1. **Energía personal:** La energía generada y emitida por su cuerpo. Está influenciada por los pensamientos, las emociones y el estado físico, y puede ser percibida por otras personas cercanas.
2. **Energía ambiental:** Se refiere a la energía del entorno físico que le rodea. Puede estar influida por factores como el clima, la situación geográfica y la actividad humana.
3. **Energía universal:** La energía que existe en todo el universo y que a menudo se asocia con creencias espirituales o metafísicas. Es la fuente de toda vida y la fuerza motriz de muchos fenómenos naturales.
4. **Energía vibratoria:** La frecuencia o vibración de la energía, positiva o negativa. Las energías de mayor vibración, como el amor y la alegría, benefician su bienestar, mientras que las de menor vibración, como el miedo y la ira, afectan negativamente a su salud mental, emocional y física.
5. **Energía elemental:** La energía asociada a los elementos tierra, aire, fuego y agua. Se utiliza a menudo en rituales y hechizos y tiene propiedades y asociaciones específicas que pueden aprovecharse para distintos fines.

Ejercicios para trabajar la energía

Realice algunos ejercicios de trabajo energético para comprender y sentir mejor la energía que le rodea. La manipulación energética se define como la práctica de dirigir y manipular el flujo de energía en su interior y a su alrededor. Esta energía debe considerarse una fuerza que impregna todas las cosas y a la que se puede acceder y utilizar a través de muchas técnicas y prácticas. Se pueden manipular distintas energías, como la espiritual, la emocional y la física.

La energía espiritual es la que está presente en el universo y conecta todas las cosas. La energía emocional es la que generamos a través de las emociones y los sentimientos. La energía física es la que impulsa nuestro cuerpo y nos mantiene vivos.

La manipulación energética utiliza diversas técnicas para aumentar, dirigir o eliminar la energía. Algunas de estas técnicas son la visualización, la meditación, la respiración y el movimiento. Mediante la práctica de la manipulación energética, las personas pueden aprender a equilibrar y mejorar sus niveles de energía, eliminar bloqueos y promover la curación. La manipulación energética puede utilizarse para la manifestación, y las técnicas de manifestación se basan en la idea de que todo está hecho de energía, incluidos los pensamientos y las emociones. Centrando los pensamientos y las intenciones, se puede dirigir el flujo de energía hacia un objetivo o resultado específico, como manifestar la abundancia, el éxito, el amor y la felicidad.

A continuación, se presentan algunas técnicas para manifestar y manipular la energía:

- **Creación de una bola energética**

Para crear una bola de energía, siga estos pasos:

1. Siéntese o póngase de pie cómodamente en un entorno tranquilo y relajado. Cierre los ojos y respire hondo varias veces para centrarse.

2. Visualice una bola de luz en el centro del cuerpo, justo debajo del ombligo. Esta bola puede ser de cualquier color, pero muchos la visualizan blanca o dorada.

3. Al inhalar, imagine que atrae energía de la tierra hacia su cuerpo, llenando la bola de energía. Al exhalar, imagine que la bola se expande y se hace más brillante.

4. Continúe respirando y visualizando la bola de energía cada vez más grande y brillante. Puede que sienta un hormigueo o calor en las manos.
5. Una vez que la bola de energía sea lo suficientemente grande, puede dirigirla a una zona específica o utilizarla para sanar, proteger o manifestar.

- **Ejercicio sobre detección de energía**

El ejercicio de detección de la energía está diseñado para ayudarle a ser más consciente de la energía que le rodea y de la que hay en su interior. Para realizar este ejercicio, siga estos pasos:

1. Busque un espacio donde pueda sentarse cómodamente y sin interrupciones. Este espacio puede ser interior o exterior, pero asegúrese de que tiene intimidad y no le molestarán.
2. Cierre los ojos y respire hondo varias veces para relajar el cuerpo y aquietar la mente. Si tiene tensión en el cuerpo, suéltela conscientemente al exhalar.
3. Una vez relajado, preste atención a las sensaciones corporales. Observe cualquier sensación física, como hormigueo, calor o presión. No juzgue ni analice las sensaciones. Simplemente obsérvelas.
4. Amplíe gradualmente su conciencia para incluir el espacio que rodea su cuerpo. Observe cualquier cambio en las sensaciones. Puede sentir un cambio de energía o una sensación de expansión.
5. Con la conciencia expandida, sintonice con la energía que le rodea. Podría sentir una vibración sutil o un zumbido, o percibir una cualidad o un color de energía concretos. Preste atención a las impresiones que reciba.
6. Recorra su cuerpo de la cabeza a los pies y fíjese en las zonas en las que sienta un cambio de energía. Puede sentir zonas de tensión o bloqueo, o de apertura y fluidez.
7. Vuelva a centrar su atención en la respiración y respire profundamente unas cuantas veces más. Observe cómo se siente después de este ejercicio. Debería sentirse más enraizado, centrado y conectado con la energía que le rodea.

Recuerde que este ejercicio no consiste en conseguir un resultado concreto, sino en cultivar su conciencia energética y su capacidad para percibirla. Con la práctica, percibirá la energía con mayor facilidad y precisión.

- **Proyección energética**

La proyección de energía envía intencionadamente energía desde su cuerpo a un objetivo o zona específicos. Esta proyección puede utilizarse para diversos fines, como la curación, la protección o la manifestación. Aquí tiene una guía paso a paso para realizar un ejercicio de proyección de energía:

1. Busque un lugar tranquilo y cómodo donde no le molesten. Siéntese o póngase de pie cómodamente con los pies bien apoyados en el suelo.
2. Cierre los ojos y respire hondo varias veces para relajarse y liberar la tensión o el estrés de su cuerpo.
3. Visualice una bola de luz blanca y brillante en el centro del cuerpo, justo debajo del ombligo. Esta bola de luz representa su energía y su poder.
4. Concentre su atención en la zona del cuerpo donde sienta más energía o sensaciones. Pueden ser las manos, el pecho o la frente.
5. Dirija conscientemente su energía hacia esa zona imaginando que la bola de luz se expande y llena ese espacio.
6. Una vez que sienta una fuerte conexión con esa zona, imagine que dirige la energía hacia el exterior, hacia el objetivo deseado: una persona, un lugar o un objeto.
7. Visualice un haz de luz que se extiende desde su cuerpo hasta el objetivo, transportando su energía.
8. Siga concentrándose en el objetivo y visualice que su energía es recibida y absorbida por el objetivo.
9. Cuando se sienta preparado, vuelva lentamente a su cuerpo y a la bola de luz de su centro.
10. Respire profundamente unas cuantas veces y, cuando esté preparado, abra lentamente los ojos.

Recuerde, utilice siempre la proyección de energía con intenciones positivas y respeto por los demás. Además, es importante que después se conecte a tierra para liberar el exceso de energía y volver a un estado de equilibrio.

- **Blindaje energético**

El blindaje energético es una técnica que utiliza la energía para crear un escudo protector alrededor de uno mismo. Este escudo puede ayudarle a alejar la energía o las influencias negativas de los demás y a promover una sensación de seguridad y protección. Aquí tiene una guía paso a paso para realizar un ejercicio de escudo energético:

1. Busque un lugar tranquilo y cómodo donde no le molesten. Siéntese o póngase de pie cómodamente con los pies bien apoyados en el suelo.
2. Cierre los ojos y respire hondo varias veces para relajarse y liberar la tensión o el estrés de su cuerpo.
3. Visualice una bola de luz blanca y brillante en el centro del cuerpo, justo debajo del ombligo. Esta bola de luz representa su energía y su poder.
4. Imagine que esta bola de luz se expande y rodea su cuerpo como una burbuja protectora. Imagine que se hace más grande y más fuerte con cada respiración.
5. Establezca una intención para su escudo energético. Puede utilizar una afirmación simple, como "*Estoy protegido y a salvo de la energía o las influencias negativas*".
6. Mientras sigue visualizando su escudo energético, concéntrese en la seguridad y protección que le proporciona. Puede que sienta calor, paz o calma.
7. Si siente que una energía negativa o influencias no deseadas intentan entrar en su escudo energético, simplemente visualícelas rebotando y volviendo al universo.
8. Cuando esté listo para terminar la práctica del escudo, vuelva lentamente a su cuerpo y a la bola de luz de su centro.
9. Respire profundamente unas cuantas veces y, cuando esté preparado, abra lentamente los ojos.

Puede experimentar con diferentes colores, formas y tamaños para su escudo energético o programarlo con una intención o propósito específico.

Por qué necesita protección psíquica

No hay escasez de negatividad en este mundo y numerosas formas de que esta energía negativa le alcance. Por lo tanto, la protección psíquica es esencial para mantener un campo energético sano y equilibrado. Tanto si las energías negativas que le afectan son intencionadas como si no, pueden tener un efecto perjudicial en su bienestar general. La protección psíquica es particularmente importante para las personas sensibles a la energía, como los empáticos o los psíquicos, porque son más susceptibles a absorber las energías negativas de su entorno. He aquí por qué es esencial tener protección psíquica para usted y su familia:

1. Daño físico

Utilizar correctamente las técnicas para manifestar energía de protección puede ayudarle a salvaguardarse contra el daño físico y otras amenazas planteadas por los ataques psíquicos. Sin embargo, esto no significa que la protección psíquica pueda desviar los ataques físicos. En cambio, es una manera más sutil de guiarle fuera de peligro. La magia de protección le equipa con una guía intuitiva para protegerse de amenazas potenciales. Cuando utiliza la protección psíquica, puede que ni siquiera se dé cuenta de que está a salvo de situaciones peligrosas.

2. Energía nociva

La energía nociva procede de los restos inconscientes de la vida cotidiana, por ejemplo, la tristeza, las discusiones, la ira o la enfermedad. Esta energía puede causar malestar físico, emocional y mental, pero la mayoría de las personas no se dan cuenta porque están acostumbradas a sentirse así. Al utilizar la protección psíquica, se mantendrá protegido de esta energía dañina que drena su energía y enturbia su estado de ánimo.

3. Juicios perjudiciales

Los pensamientos son poderosas formas de energía que manifiestan consecuencias reales, aunque no estén presentes físicamente. Cuando juzga o proyecta pensamientos negativos sobre otra persona, puede dañarla psíquicamente y viceversa. Aunque juzgar o comparar a las personas es natural, la intención que hay detrás de sus pensamientos es importante. Cuando la gente condena o incluso insulta u odia a alguien, le está atacando psíquicamente. Por lo tanto, debe ser consciente de sus palabras y pensamientos hacia los demás. Lo mismo ocurre con los demás, pero, como no puede controlar sus pensamientos, lo mejor es que practique técnicas de protección psíquica para protegerse de sus juicios dañinos (lo que se trata en detalle en los siguientes capítulos).

4. Vampiros psíquicos

Probablemente se haya encontrado con el término "vampiro psíquico" al menos una vez. Este término se refiere a alguien que drena la energía de otras personas sin darse cuenta de lo que está haciendo. Estas personas no son conscientes de sí mismas ni tienen en cuenta el efecto negativo que tienen en los demás. Los vampiros psíquicos suelen tener problemas mentales, emocionales o físicos, por lo que buscan a aquellos que arden con fuerza y se alimentan de sus energías. Sin embargo, este comportamiento no hace más que hundirlos aún más y, en última instancia, acaban siendo rechazados por los demás. Utilizar técnicas para protegerse psíquicamente le puede ayudar a protegerse de ser drenado por vampiros psíquicos.

5. Mesmerismo

El mesmerismo es un ataque psíquico que suprime la voluntad de un individuo, causado por encantarlo y convencerlo con efectos hipnóticos. Es un control mental similar al lavado de cerebro y a menudo no es intencionado o es visto como inofensivo por el mesmerista. Sin embargo, cuando se suspenden el discernimiento y la intuición de un individuo, puede ser perjudicial. Algunos metafísicos explican que el mesmerista proyecta fuerza vital, como prana o akasha, desde sus ojos, para encantar, seducir y controlar al objetivo. La energía del mesmerismo es suave y seductora para embelesar a la víctima. La protección psíquica resulta útil cuando se trata con individuos mesméricos.

6. Energías de vidas pasadas

Algunos creen que las energías negativas pueden adherirse al alma y seguirla de una vida a otra hasta que se afronte y resuelva un problema subyacente. Estas energías pueden estar presentes desde el nacimiento o activarse cuando se encuentra una situación similar en la vida actual. Cuando una persona ha sido maldecida en una vida pasada, esa maldición o sus patrones residuales se trasladan a su existencia actual. Puede ser difícil diferenciar entre los efectos de su karma y las maldiciones de vidas pasadas, pero puede trabajar para resolverlos a través de la reflexión profunda, la meditación y la autoconciencia.

7. Usted mismo

En la práctica psíquica, su bienestar a veces puede verse comprometido por sus propias acciones o la falta de ellas. La baja autoestima, la falta de conciencia, los límites distorsionados, las emociones no resueltas, los miedos personales y los auto juicios críticos pueden contribuir a escenarios de ataques psíquicos. Los individuos temerosos pueden ver entidades malévolas acechando en las sombras, mientras que las personas enfadadas ven a todo el mundo como hostil y buscando hacerles daño. El mundo que le rodea es un espejo, y sin darse cuenta se puede convertir en su propio enemigo, saboteándose a sí mismo. En lugar de culpar a otros, es importante hacer introspección, darse cuenta de que uno mismo podría estar implicado y asumir la responsabilidad de sus actos.

La protección psíquica es un aspecto esencial de la práctica espiritual y de la vida cotidiana. El mundo está lleno de diferentes energías, y no todas son positivas. Sus pensamientos, emociones e interacciones con los demás pueden dejarle vulnerable a energías dañinas que se manifiestan como malestar físico, mental o emocional. Por lo tanto, protegerse de las energías negativas es crucial para mantener el bienestar y llevar una vida equilibrada.

Capítulo 2: Prepare primero su psique

Ahora que comprende la importancia de la protección psíquica y el impacto de las energías negativas en su vida, dé el primer paso para protegerse contra estas vibraciones. Sin embargo, antes de empezar, primero debe preparar su psique. Este capítulo cubre múltiples técnicas para elevar su vibración y agudizar sus habilidades psíquicas para prepararse para varios rituales de limpieza y protección.

Aumente sus vibraciones

Tomar clases de yoga puede ayudarle a elevar su vibración[a]

Las partículas de energía de su cuerpo están en constante movimiento y vibran a un ritmo específico. Su estado de ánimo y su mentalidad influyen en la frecuencia de sus vibraciones. Las emociones positivas, como la gratitud, la felicidad y la tranquilidad, pueden elevar sus vibraciones, mientras que las negativas, como el miedo, la ansiedad y la ira, reducen su frecuencia. En otras palabras, atraer positividad a su vida aumenta sus vibraciones. Se sentirá más ligero espiritual, emocional y físicamente cuando vibre a una frecuencia más alta, mientras que las vibraciones bajas le harán sentir pesado y estresado.

A veces, puede ser difícil controlar las emociones, especialmente si su trabajo o su vida en casa son estresantes. Sin embargo, algunas cosas pueden calmar sus pensamientos, relajar su cuerpo para atraer vibraciones positivas y conectarle con todo y todos en el universo.

Mueva su cuerpo

Seguro que ha oído hablar de los muchos beneficios de hacer ejercicio, caminar y practicar yoga, pero ¿sabía que pueden elevar sus vibraciones? Mover el cuerpo aumenta los niveles de sustancias químicas como la dopamina, la serotonina y las endorfinas, ayudándole a relajarse y a mejorar su estado de ánimo. Mover el cuerpo reduce hormonas nocivas como el cortisol y la adrenalina, que provocan estrés y ansiedad.

No hace falta hacer ejercicios intensos ni ir al gimnasio todos los días; nadar, bailar, montar en bicicleta, pasear por la naturaleza, mover un aro, saltar a la comba o asistir a una clase de yoga bastan. No importa lo que haga, siempre que mueva el cuerpo constantemente.

Escuche música

Todo el mundo sabe que la música le hace sentir bien y mejora su estado de ánimo. Escuche canciones que le animen y le levanten el ánimo mientras se prepara por la mañana o de camino al trabajo. Cante o baile al ritmo de la música y sentirá cómo suben sus vibraciones.

Repita afirmaciones

Las afirmaciones son enunciados positivos que influyen en su subconsciente y en su mente consciente para que piense en positivo. Repetir afirmaciones puede alterar su estado de ánimo, cambiar su mentalidad y aumentar su confianza. Sin embargo, sólo funcionarán si cree en sí mismo y en lo que dice y lo repite a diario.

Cree sus propias afirmaciones o repita estas afirmaciones para elevar sus vibraciones.

- Soy un ser humano altamente vibracional.
- Me siento en paz.
- Estoy lleno de energía.
- Soy un imán que sólo atrae vibraciones positivas.
- Estoy agradecido de estar sano.
- Elevo mi vibración.
- Yo creo mi vida.
- Me encanta la persona en la que me he convertido.
- Estoy rodeado de positividad.
- Vibro más alto y me siento más ligero.
- Acepto todas las experiencias de alta vibración que me llegan.
- Estoy agradecido y feliz con mi vida.
- Vibro en una frecuencia alta.
- Elijo la gratitud y la felicidad cada día.
- Estoy en armonía con el universo.
- Merezco todas las cosas buenas de la vida.
- Elijo la gratitud y la alegría cada día.
- Elijo amar y tener energía positiva.
- Tengo el control de mi vida.
- Elevo mis vibraciones.
- Atraigo experiencias y personas positivas.
- Sólo pienso en positivo.
- Doy alegría y recibo positividad y felicidad.
- Soy testigo de milagros cada día.
- Tengo todo lo que necesito.
- Difundo positividad allá donde voy.
- Manifiesto mis deseos a través de mis altas vibraciones.
- Elijo elevar mis vibraciones cada día.

Aromaterapia

La aromaterapia consiste en utilizar aceites esenciales para mejorar el bienestar y la salud. Es un antiguo tratamiento holístico que la gente sigue utilizando hoy en día. Algunas esencias pueden afectar al cerebro e influir en las emociones. Por ejemplo, oler aceite de lavanda puede relajarle y reducir el estrés. El incienso, la manzanilla y el eucalipto son conocidos por sus efectos calmantes. Oler cítricos y menta puede mejorar su estado de ánimo y elevar su vibración.

Puede utilizar un difusor de aceite para esparcir el aroma por su casa, aplicarse aceites diluidos en las muñecas o detrás del lóbulo de la oreja, o utilizar velas aromáticas en la habitación donde se encuentre.

Rutina diaria

Mucha gente asocia tener una rutina diaria con el aburrimiento, pero puede ser eficaz para elevar su vibración. Si reserva un tiempo cada día para hacer algo que le guste, tendrá algo que esperar con impaciencia. Por ejemplo, un café por la mañana o un paseo por la naturaleza pueden ser buenas opciones. Asegúrese de incorporar cosas que le aporten alegría a su rutina diaria. Aunque sea algo pequeño, como comer chocolate, hará que su día sea muy especial.

Plantas

Lleve la naturaleza a su casa si no tiene jardín o vive alejado de ella. Coloque algunas macetas con plantas en distintas zonas de su casa. Mejorarán la decoración, reducirán el estrés, le harán sentir relajado, limpiarán el aire, mejorarán su estado de ánimo y elevarán su vibración.

Diario

Por su cabeza pasan muchos pensamientos que pueden causarle estrés y ansiedad y disminuir sus vibraciones. Poner estos pensamientos por escrito es una forma estupenda de despejarse y enfrentarse cara a cara con lo que le preocupa. A menudo, cuando escribe sus miedos y los lee en voz alta, se dará cuenta de que no son tan graves como su mente los ha hecho parecer.

Cada noche, antes de irse a dormir, siéntese y escriba cada pensamiento en su diario, tanto si se trata de asuntos que le preocupan como de objetivos que desea alcanzar. Organícelos y deles prioridad, y elabore un plan para resolver sus problemas o alcanzar sus objetivos.

Si es nuevo en esto de llevar un diario y busca cosas que escribir para elevar su vibración, aborde estas preguntas:
- ¿Cómo puede añadir valor a su vida y al mundo?
- ¿Qué nutre su cuerpo, su mente y su espíritu?
- ¿Cómo practica el amor y el cuidado de sí mismo?
- ¿Qué le hace levantarse por la mañana y por qué?
- ¿De qué se siente más orgulloso?
- ¿Cuándo y dónde se siente más feliz?
- Describa su día ideal y qué puede hacer para alcanzar esa sensación.

Practique la gratitud

Dar las gracias por sus bendiciones y centrarse en lo que tiene en lugar de en lo que le falta puede cambiar su perspectiva y elevar su vibración. Practicar la gratitud puede ser un reto para algunos, ya que les cuesta encontrar cosas por las que estar agradecidos cada día. Sin embargo, la vida está llena de muchos regalos por los que puede estar agradecido, pero suelen ser pequeñas cosas de las que a menudo no se da cuenta o que da por sentadas, como no encontrarse con tráfico de camino al trabajo, tomar una taza de café perfecta o recibir un abrazo del perro de su vecino.

Escriba las cosas por las que está agradecido, pero en lugar de hacer una lista del tipo "estoy agradecido por mis hijos" o "estoy agradecido por mi salud", explique por qué las aprecia, qué las hace especiales, cómo mejoran su vida y cómo se sentiría sin ellas. Cada día, escriba una cosa por la que esté agradecido con tres o cinco razones por las que son significativas. Cuando haya terminado, se sentirá mejor y sus vibraciones aumentarán. Siempre que se sienta deprimido, puede recurrir a su diario de agradecimiento para recordar todas sus bendiciones, y su estado de ánimo cambiará al instante.

Socialice

Incluso las personas más introvertidas necesitan relacionarse con los demás y sentirse parte de una comunidad; es la naturaleza humana. Pase tiempo con personas que le animen y le hagan sentir mejor consigo mismo. Elija a personas con las que comparta intereses y valores y con las que pueda hablar de cualquier cosa. Aléjese de las personas que le bajan los humos juzgándole, haciéndole sentir mal consigo mismo y recordándole sus fracasos pasados en lugar de apoyarle y celebrar sus éxitos. Observe su círculo y fíjese en quién le sube la energía después de pasar tiempo con él y quién le deprime y le agota. La positividad es contagiosa, así que rodéese de personas de las que pueda contagiarse de vibraciones positivas.

Reiki

El reiki es una técnica de sanación en la que un practicante utiliza su mano para transferir energía positiva a su cuerpo con el fin de reducir el estrés y hacerle sentir relajado. Durante una sesión de reiki, el practicante aflojará la energía negativa y limpiará sus vías para elevar las vibraciones.

Desconecte

En esta era moderna, la gente está siempre conectada y detrás de sus pantallas, normalmente mirando las fotos de sus amigos y familiares en Instagram, y no puede evitar comparar sus vidas con las de sus amigos. Esto conduce a pensamientos negativos y bajas vibraciones. Desconecte durante unas horas cada día y conecte consigo mismo. Haga algo que le guste y practique el autocuidado, como un masaje, leer un libro, cocinar algo sano, probar algo nuevo o terminar un proyecto que ha estado posponiendo. Simplemente baje el ritmo, céntrese en el presente y disfrute del momento.

Sea creativo

¿Cuándo fue la última vez que realizó un proyecto creativo? Por desgracia, mucha gente no tiene tiempo para crear o se ha desanimado. Haga algo que le apasione para dedicarle horas y perderse en ello. Se sentirá menos estresado, más seguro de sí mismo y de mejor humor al terminar. Estos sentimientos suelen ser el resultado de la dopamina que se libera en su cuerpo cuando se sienta realizado y orgulloso de algo que ha creado.

Si no encuentra algo que le apasione, piense en su infancia. ¿Qué le gustaba hacer? O quizá hay algo que siempre ha querido probar, como pintar, cantar o escribir. Cuando lo encuentre, empiece a crear.

Esté en la naturaleza

La naturaleza es lo más parecido a la magia que tiene el ser humano. Pasear o ir de excursión rodeado de un bello paisaje puede alterar su estado de ánimo y sus vibraciones. La luz del sol en la cara, el viento en el pelo y el suelo bajo los pies pueden hacer que se sienta relajado y en paz.

Ordene

No hay nada que transmita menos vibraciones que el desorden. Los ambientes desordenados drenan su energía y le hacen sentir estresado e incómodo. Muchos de estos objetos innecesarios pueden transportar energías negativas o recuerdos que le hacen infeliz. Retire todo lo que ya no necesite para permitir que la energía fluya fácilmente en su hogar. Quédese con lo que utilice, le haga feliz y añada significado a su vida. Done su desorden en lugar de tirarlo, haciendo que este proceso tenga más sentido.

Llegue a la raíz de la negatividad

Profundice en sí mismo para determinar la razón de la energía y las emociones negativas que ha estado experimentando. El diario y la terapia pueden empujarle a ser realista consigo mismo, a enfrentarse a sus sentimientos para llegar a la raíz del problema, solucionarlo y elevar sus vibraciones.

Quiérase

Trátese con amor y compasión. Utilice palabras positivas cuando hable de usted y evite los pensamientos negativos. Imagine que un ser querido se siente mal y acude a usted en busca de apoyo. ¿Qué le diría? Use esta misma amabilidad consigo mismo cada vez que se sienta triste y necesite ánimos.

Perdone y olvide

Guardar rencor puede hacerle sentir pesado, consumirse con emociones negativas y bajar sus vibraciones. Es hora de perdonar y olvidar. O perdona a los que le hicieron daño y pasa página, o les deja marchar y supera todo lo que le hicieron pasar, liberando la energía negativa y sustituyéndola por energía positiva.

Lo más importante es perdonarse a sí mismo. No se pase la vida lamentándose y auto culpándose. Comprenda que es humano y que cometer errores es normal; así es como se aprende.

Meditación

La meditación es una de las herramientas más eficaces contra las bajas vibraciones. Mira hacia dentro y se centra en las emociones positivas y en dejar ir el caos y la energía negativa que afectan a su vibración. Meditar es como limpiar su cerebro y su espíritu, ya que deja ir los pensamientos y emociones que ya no le benefician y adopta los positivos y calmantes.

Puede meditar en casa después de levantarse, antes de acostarse o incluso en el trabajo. Sólo necesita diez o quince minutos diarios, que supondrán una enorme diferencia en su vida.

Técnicas de meditación

Instrucciones:

1. Elija una habitación o un espacio tranquilo, sin distracciones, y ponga el teléfono en silencio. Si lo prefiere, puede poner música suave.
2. Siéntese recto, coloque las manos sobre las rodillas con las palmas hacia arriba y asegúrese de estar cómodo.
3. Cierre los ojos, despeje la mente y concéntrese en el momento presente.
4. Respire profundamente por la nariz y espire por la boca varias veces.
5. Sienta cómo el estrés, la ansiedad y la negatividad abandonan su cuerpo con cada inspiración y exhalación.
6. Concéntrese en su respiración y sienta cómo el aire entra y sale de su pecho. Está inhalando positividad y relajación y exhalando vibraciones negativas.
7. Visualícese rodeado de luz blanca. Esta luz es la energía calmante, amorosa y sanadora que eleva su vibración.
8. Sienta cómo la luz nutre y da energía a su cuerpo, mente y espíritu con cada respiración.
9. Sienta emociones positivas como el amor, la alegría, la gratitud, la bondad, la compasión u otros sentimientos que experimente en ese momento.
10. Permanezca sentado con estos sentimientos durante un rato y termine la sesión expresando gratitud.

Visualización

Visualizar es imaginar algo que quiere atraer a su vida. Aunque solo visualice el momento y no lo esté viviendo, puede experimentar todas sus emociones positivas.

Técnicas de visualización

Instrucciones:

1. Siéntese o túmbese en una habitación tranquila, lo que le resulte más cómodo.
2. Cierre los ojos y respire lentamente hasta que se sienta relajado y tranquilo.
3. Visualice un momento o un lugar que le haga feliz. También puede ser un lugar que desee visitar.
4. Experimente el momento en su imaginación con cada uno de sus cinco sentidos. Concéntrese en lo que oye, como las voces de su madre o de sus hijos. Fíjese en los olores que le rodean, como las flores, la receta favorita de su abuela o el mar. ¿Qué siente? ¿Es una fría noche de invierno o un cálido día de verano? Mire a su alrededor y capte todo lo que vea, como las estrellas, la luna, las flores o las caras de sus seres queridos.
5. Ahora, imagínese moviéndose y sintiéndose más tranquilo y alegre.
6. Siga respirando despacio y observando su entorno mientras lo experimenta con cada uno de sus cinco sentidos.
7. Imagine que las vibraciones positivas y la armonía entran en su cuerpo y que las vibraciones negativas se van con cada respiración.
8. Para terminar la sesión de visualización, abra lentamente los ojos y siga respirando hasta que estés listo para moverse.

Respiración

Sea lo que sea a lo que se enfrente en la vida, recuérdese siempre respirar. La respiración puede calmar su cuerpo y su mente cuando está estresado, ansioso o asustado. Varios ejercicios de respiración pueden elevar su vibración.

Técnicas de respiración
Nadi Shodhana

Nadi Shodhana es un ejercicio respiratorio conocido como respiración alterna-nostril. Practique ejercicios respiratorios como la meditación y la visualización sentándose cómodamente en un lugar tranquilo.

Instrucciones:
1. Utilice el dedo anular y el pulgar para tapar cada una de las fosas nasales.
2. Inspire por la fosa nasal izquierda mientras bloquea la derecha, luego bloquee la izquierda y espire por la derecha. Invierta el proceso tapando la fosa nasal derecha e inspirando por la izquierda.
3. Repita el proceso unas cuantas veces y prolongue la inhalación y la exhalación hasta que se sienta relajado.

Perfeccione sus habilidades psíquicas

Protegerse de los ataques psíquicos implica limpiar el alma e invocar a su ángel de la guarda, algo que sólo puede hacer recurriendo a su intuición y agudizando sus habilidades. Estas habilidades le empujarán a ir más allá de lo físico y adentrarse en el mundo espiritual.

Escuche a su instinto

Nunca ignore sus instintos porque suelen ser correctos. Si alguien o algo le hace sentir incómodo o incluso enfermo, es su intuición diciéndole que evalúe la situación porque algo no va bien. Todo el mundo tiene una voz interior, pero sólo unos pocos conectan con ella y la experimentan. Manténgase en sintonía con esta voz; cuando le advierta de algo, tómeselo en serio.

Utilice sus cinco sentidos

Procese la información y sienta todo lo que le rodea utilizando sus cinco sentidos. Probablemente verá y oirá cosas que otras personas no ven, pero no se dará cuenta sin emplear todos sus sentidos.

Prepárese

Cuando agudice sus habilidades psíquicas, empezará a recibir diversos mensajes. Sin embargo, algunos no tendrán sentido. Cree que todo lo que ve es real, aunque sea algo sencillo como un objeto o un nombre. Sólo podrá perfeccionar sus habilidades si se toma en serio cada mensaje que reciba. Experimentará energías negativas ya que está abierto y preparado para recibir cualquier cosa que le llegue. Enséñese a no prestar atención a la negatividad dejándola fluir a través de usted o practique cualquier técnica para elevar su vibración.

A lo largo de su vida, atraerá todas las formas de energía. Cuando sus habilidades psíquicas se agudizan, le dejan abierto a las vibraciones buenas y dañinas. Elevar su vibración le protege contra la negatividad. Las técnicas de este capítulo deberían formar parte de su rutina diaria para actuar como un arma contra las energías negativas que recibe constantemente. Con el tiempo, la práctica de estas técnicas se convertirá en algo habitual, y su intuición y sus vibraciones le alertarán automáticamente de las energías dañinas contra usted, su familia y sus seres queridos. Cuando tenga experiencia y confianza en el uso de estas técnicas, enséñeselas a aquellos que le importan profundamente, para que puedan obtener la misma protección, positividad y felicidad que usted.

Recuerde que la positividad atrae las buenas vibraciones y la negatividad las malas. Cuando sustituye emociones como la tristeza y la ira por alegría y gratitud, atrae cosas buenas a su vida, elevando su vibración y preparándole para limpiar su karma y su alma.

Capítulo 3: Limpieza del alma y del karma

Al igual que usted toma precauciones para mantener una buena salud, las técnicas de prevención son la forma más eficaz de abordar las cuestiones de defensa psíquica. Este enfoque tiene como objetivo restaurar el equilibrio y la armonía, lo que puede ayudar a prevenir las perturbaciones que pueden desconcentrarle. La práctica regular de la limpieza espiritual puede fortalecerle para resistir mejor los ataques psíquicos, dejándole menos vulnerable al daño. Estas formas básicas de cuidado psíquico pueden ayudarle a desarrollar inmunidad psíquica a la mayoría de las formas de daño y proporcionarle protección contra las influencias negativas externas.

La limpieza del alma y del karma puede ayudarle a restablecer el equilibrio de su vida[8]

Ha estudiado el concepto de cuerpos energéticos en los capítulos anteriores y ahora es consciente de cómo pueden afectar a su bienestar general. Cuidar su cuerpo energético es tan importante como cuidar su higiene física. Al igual que evita que las bacterias físicas se acumulen y consuman las sustancias que dan vida a su cuerpo físico, debe hacer lo mismo con su cuerpo espiritual. Sus interacciones diarias dejan su cuerpo energético desequilibrado y contaminado.

Aunque muchos creen que sólo tienen un cuerpo con una fuerza animadora conocida como alma, los verdaderos individuos psíquicos reconocen que los humanos tienen diferentes cuerpos energéticos que conforman su mezcla única de energías. Los metafísicos categorizan estos cuerpos energéticos de forma diferente. Algunos sistemas tienen siete, nueve, diez o doce cuerpos, cada uno con atributos únicos. Sin embargo, independientemente del nombre o de la cultura, estos sistemas más complejos suelen simplificarse en cuatro cuerpos basados en los cuatro elementos. Cada cuerpo tiene necesidades y métodos específicos de cuidado y limpieza, y cada elemento ofrece su camino hacia la higiene psíquica en varios niveles.

Las técnicas de higiene elemental se solapan en propósito y ejecución, ya que los cuerpos espirituales se intercomunican entre sí. Es importante encontrar al menos una técnica que resuene con usted y utilizarla a menudo. La salud de cada cuerpo depende de la salud de los demás. Los cambios en un cuerpo afectan a todos los demás, desde los niveles más sutiles a los más densos y viceversa, por lo que no debe descuidar el proceso de limpieza de ningún cuerpo energético. A continuación, se explica en profundidad cómo funciona cada cuerpo energético, qué papel desempeña y cómo puede limpiarlos de la contaminación energética externa:

El cuerpo físico

El cuerpo físico es probablemente el concepto más fácil de comprender. Está formado por carne, sangre, órganos y huesos. El cuerpo físico está asociado al elemento tierra, considerado el más denso de los cuatro elementos. Por lo tanto, para la limpieza espiritual del cuerpo físico se requieren las técnicas de limpieza más poderosas y terrenales. Estas técnicas incluyen rituales sencillos con acciones físicas directas y pueden tener un efecto de gran alcance en todos sus cuerpos energéticos. El ritual de limpieza más común es el "sahumerio", un ritual sencillo pero poderoso que mucha gente hace casi a diario.

El sahumerio consiste en pasarse a uno mismo, a otros o a objetos por el humo sagrado de un incienso bendito. Se cree que el humo purifica y limpia energéticamente a la persona u objeto. Aunque el sahumerio se utiliza sobre todo para limpiar un espacio o un objeto, también puede limpiar a las personas. Los materiales utilizados en la limpieza, como maderas, hierbas y resinas, proceden del mundo natural, es decir, son orgánicos y están en armonía con el elemento tierra. Cuando se queman, la vibración de los materiales se intensifica y se libera en el espacio previsto, emanando mucho más allá del humo visible. Se intensifica aún más cuando se bendice el incienso.

La gente se refiere a energías más bajas, lentas y estancadas cuando habla de energía "negativa" o dañina. Quemar un incienso poderosamente protector y purificador obliga a estas vibraciones más bajas a igualarse o a ser eliminadas de la zona, ya que no pueden existir en ese nivel más bajo y denso cuando están rodeadas de energía refinada. La energía superior obliga a la energía inferior a igualarse a ella; si no puede, debe abandonar el espacio sagrado.

Instrucciones para el sahumerio

Existen varios tipos de incienso: varitas, conos, palitos y gránulos. Las varitas de incienso son manojos de hierbas secas apretadas entre sí. Aunque se pueden comprar en comercios, puede ser divertido hacerlas uno mismo. Reúna hierbas frescas y colóquelas juntas. Envuélvalas bien con un hilo de algodón y déjelas secar uniformemente sobre una pantalla. A continuación, encienda la punta y sople para crear humo sagrado. Asegúrese de que dispone de un recipiente ignífugo para sostenerlo bajo la varilla de sahumerio, como un cuenco de barro o una concha marina.

El incienso en polvo es más desordenado, pero proporciona un ambiente más "brujesco". Triture las hierbas hasta convertirlas en polvo con un mortero tradicional o un molinillo eléctrico. A continuación, consiga unos bloques o discos de carbón vegetal, que suelen venderse en las tiendas, para utilizarlos como base combustible. Encienda el carbón y espolvoree el incienso sobre él para que arda, añadiendo más incienso de vez en cuando si necesita más humo. Utilice un utensilio no inflamable para retirar la ceniza acumulada y añada más hierbas.

Una vez que el incienso esté humeando, pase los objetos que esté limpiando a través del humo. Cuando se tizne, difunda el humo por todo el cuerpo, incluyendo la frente y la espalda. A menudo se utilizan plumas, como las de pavo o cuervo, con las varitas tradicionales de salvia u otros manojos de hierbas para avivar las brasas y crear más humo.

El sahumerio puede ser ceremonial. Mantenga el incienso encendido hacia el norte, el este, el sur, el oeste, arriba, abajo, cerca del suelo, el lado izquierdo, el lado derecho y luego el corazón, pidiendo la bendición de todas las direcciones y dioses antes de emborronarse a sí mismo, a otra persona o a un objeto. Estar presente y consciente de su cuerpo es esencial para proteger verdaderamente el cuerpo físico. Céntrese a través de rituales como el emborronamiento. Al ser consciente, reacciona con mayor eficacia ante situaciones difíciles.

El cuerpo emocional

El cuerpo emocional recibe distintos nombres, como cuerpo astral, cuerpo psíquico y cuerpo onírico. Simbolizado por el elemento agua, fluye y toma forma como el agua en un recipiente, con la fuerza de la imaginación y la voluntad dándole forma. Cuando conecta con ellos durante el sueño, sus pensamientos, esperanzas, sueños y miedos toman forma en el plano astral. Del mismo modo, sus emociones toman forma, fluyen fácilmente como el agua y son susceptibles a los contaminantes y toxinas emocionales de los demás si carece de límites sólidos.

La empatía es la capacidad de sentir y relacionarse con las emociones y puntos de vista de otra persona. Esta energía puede ser una bendición o una maldición, dependiendo de cómo se exprese y se maneje. Es un gran don cuando se es sólido en los cimientos personales y se utiliza la sensibilidad para adquirir una mayor conciencia de las relaciones y las situaciones. Las personas con una empatía sana suelen convertirse en sanadores, profesores, terapeutas, trabajadores sociales, artistas, intérpretes y músicos.

Sin embargo, la empatía incontrolada puede ser abrumadora y confusa, y sin límites sólidos es difícil discernir qué sentimientos proceden de una fuente externa y cuáles son propios. La meditación regular y disciplinada y los rituales de naturaleza introspectiva, con técnicas de fijación de límites y sanación, son útiles para quienes tienen fuertes problemas de empatía.

Establecer límites es clave para gestionar las capacidades empáticas, lo que incluye protegerse de la energía emocional de los demás y reconocer cuándo hay que dar un paso atrás y centrarse en el propio bienestar emocional. Es importante practicar con regularidad el autocuidado para evitar agotarse y sentirse abrumado.

Además de la empatía, otras formas de sensibilidad psíquica afectan al cuerpo emocional. Entre ellas se encuentran la clarividencia, la clariaudiencia y la clarisentiencia, entre otras. Cada una de estas habilidades tiene una forma diferente de percibir la información psíquica y afecta de forma única al cuerpo emocional.

Desarrollar y perfeccionar estas habilidades puede ser una herramienta valiosa para comprender y navegar por el paisaje emocional de uno mismo y de los demás. Sin embargo, es crucial abordar estas habilidades con responsabilidad y discernimiento y buscar orientación y apoyo.

Baño ritual

El baño ritual es una técnica poderosa para limpiar y sanar el cuerpo emocional. No hay que subestimar las cualidades purificadoras del agua. Aunque muchas tradiciones de brujería hacen hincapié en la importancia de un baño ritual antes de los trabajos serios, la mayoría de las brujas se saltan el baño y se lanzan directamente a los hechizos. Sin embargo, cuando se realiza un baño ritual, el ritual tiene una cualidad más cargada, más psíquica y más magnética. El agua tiene la capacidad de limpiar el cuerpo emocional y físico, y el uso de hierbas protectoras y limpiadoras en los baños rituales infunde al agua sus propiedades. Las sales extraen las energías densas y el vinagre neutraliza las energías nocivas. Por ejemplo, el vinagre puede dejarse en un cuenco para que absorba y recoja las energías nocivas y luego tirarlo a la tierra o por el desagüe.

He aquí una receta de sales de baño limpiadoras con una mezcla de sal marina, flores u hojas de lavanda, flores u hojas de milenrama, artemisa o mirra y aceite esencial de lavanda y mirra.

1. Mezcle los ingredientes sosteniendo cada uno de ellos (excepto los aceites) en sus manos, permitiendo que su energía se mezcle con los poderes curativos naturales de cada ingrediente.
2. Una vez mezclados los ingredientes, guárdelos en un frasco hermético durante unas semanas para que los aromas se mezclen.
3. Coloque unas cucharadas de la mezcla en una bolsa de muselina o algodón y sumérjala en el agua del baño.
4. Cuando esté listo para salir del baño, deje que el agua escurra mientras está sentado en la bañera. Permita que las energías no deseadas se vayan por el desagüe y se neutralicen con la sal y las hierbas.

Rituales florales

Otro método de protección basado en el agua es el uso de hierbas y aguas florales: el agua de rosas es la más común y poderosa. El agua de rosas puede comprarse en farmacias o prepararse en casa con aceite esencial de rosas, agua y alcohol. El número de gotas de aceite esencial varía en función de la intensidad del aroma. Otro método para hacer agua de rosas consiste en preparar una infusión de pétalos de rosa y agua, y luego mezclarla con la solución de agua y alcohol. Se puede crear un verdadero hidrosol utilizando una olla grande, dos cuencos más pequeños y una tapa con pétalos de rosa y agua. El agua recogida en el cuenco es su agua de rosas, conocida como hidrosol de rosas, que debe conservarse con alcohol o glicerina.

Las rosas son espiritualmente edificantes y energizantes y se consideran la vibración del amor puro. Son la sustancia más protectora en muchas tradiciones. La flor simboliza el amor, mientras que las espinas simbolizan la protección. Si no dispone de agua o aceite de rosas, puede visualizar rosas a su alrededor para protegerse, invitando al espíritu de la flor de rosa, que se marchita en el ojo de la mente al absorber la energía dañina.

El cuerpo mental

La mente es el cuerpo que a menudo requiere más limpieza. Normalmente, la mente es caótica y está desordenada, lo que dificulta encontrar y utilizar información útil sin que lo impidan los residuos acumulados del pasado. En consecuencia, el proceso espiritual consiste principalmente en eliminar el exceso de equipaje del armario mental para establecer la armonía y el orden. Aunque se generan millones de pensamientos a diario, la mayoría se repiten, siguen patrones familiares y estáticos y rara vez crean algo nuevo. Los pensamientos son menos densos y crean sentimientos, mientras que las emociones son más densas que los pensamientos. Concentrarse en un pensamiento durante el tiempo suficiente puede evocar sentimientos asociados que crean sensaciones y reacciones corporales mensurables en el mundo físico. El mundo físico es más denso que el mundo emocional. Por lo tanto, el estado mental determina la salud a nivel emocional y físico.

Los verdaderos innovadores y los individuos mágicos pueden pensar más allá de los patrones y hábitos habituales para ver las cosas de otra manera. Los cuerpos mentales deben entrenarse de forma similar a los cuerpos físicos. El trabajo escolar tradicional, como las matemáticas y la memorización, es útil, pero no es la técnica más poderosa, ya que puede atrapar la mente en patrones. La limpieza mental no consiste en pensar como los demás, sino en descubrir su verdadero yo. Las experiencias de mayor limpieza mental son las que eliminan lo que no sirve a la mente y ayudan a entrenarla para que sea una herramienta, un sirviente y una ayuda en lugar del amo. La clave está en la introspección mental, que permite tomar conciencia de los hábitos y patrones que contribuyen a que se produzcan acontecimientos indeseables en su vida.

Escribir un diario es un excelente punto de partida para el trabajo introspectivo. Escribir las cosas que pasan por la mente establece disciplina y permite identificar patrones de forma consciente. Llevar un diario de sueños para ayudar a reflexionar sobre los temas subconscientes que se manifiestan durante el sueño es esencial.

La meditación regular es otra herramienta de higiene mental. Consiste en tomarse un tiempo para estar en silencio y escuchar la guía más elevada. Existen varias técnicas de meditación, como las orientales de observar la mente, centrarse en la respiración o utilizar un mantra, y las occidentales de visualización y relajación. La meditación regular reduce el estrés, aumenta la vitalidad y potencia la creatividad.

El cuerpo del alma

El cuerpo del alma está relacionado con el elemento fuego, que representa la chispa personal de la divinidad dentro de cada uno. A menudo se hace referencia al alma como el yo superior y se asocia con el nivel más alto de conocimiento espiritual. Es la parte más energética y escurridiza de uno mismo y, por lo tanto, la más protegida e intocable del daño externo. La naturaleza ardiente del alma impide la acumulación de energía dañina, quemando lo que no te sirve de forma positiva. La verdadera protección, la intrepidez y la sabiduría eterna se consiguen identificándose con el alma y no con la mente, las emociones o el cuerpo. En esencia, está conectado a todas las cosas, pero no está atado a ninguna.

Las técnicas de curación y protección utilizan el fuego para extender la energía divina del alma a otros cuerpos sutiles. La primera técnica consiste en entrar en contacto directo con el fuego solar saliendo al exterior, a la luz del sol, de cinco a diez minutos diarios. Permite que la energía espiritual del Sol queme las energías nocivas que se hayan podido acumular y llena su aura de energía vital, haciéndole más sano y resistente a los daños. La segunda técnica consiste en visualizar el Sol mientras medita y atraer su luz blanca y dorada para que le rodee y le revitalice.

Debe pensar que existe en los cuatro niveles espirituales simultáneamente y buscar el equilibrio y la armonía con sus componentes físicos, emocionales, mentales y del alma para alcanzar la verdadera salud. El dominio de estos niveles proporciona protección espiritual, por lo que no tiene que estar en un trance profundo o realizar un ritual en profundidad para invitar a las energías curativas del fuego, la luz y el Sol para obtener salud y protección.

Entendiendo el Karma

El concepto de karma no es complejo ni abstracto. Se refiere a sus acciones y a las consecuencias que se derivan de ellas. El karma es un ciclo de causa y efecto que da forma a las vidas. Sus acciones pasadas influyen en sus experiencias presentes y futuras. Las acciones positivas crean un karma basado en el amor, que aporta valiosas lecciones para el crecimiento personal. Por el contrario, las acciones negativas crean un karma basado en el miedo, que a menudo conduce a juicios y consecuencias. Sin embargo, el karma negativo puede transformarse en positivo mostrando amor, compasión y perdón a uno mismo y a los demás.

Mantener la pureza en pensamientos, palabras y acciones es esencial para crear buen karma. A pesar de sus mejores intenciones, a veces causa dolor o daño. En estas situaciones, es crucial reconocer los errores, aprender de ellos y enmendarlos. Perdonarse a sí mismo y a los demás para evitar que vuelva la energía negativa es vital.

Debe enviar amor y luz a todo el mundo, evitar los motivos ocultos o los dramas de control, cultivar la gratitud y practicar el perdón para crear un karma positivo. El perdón es una práctica difícil pero esencial para manifestar un karma basado en el amor. La culpa y las emociones negativas pueden provocar un sufrimiento innecesario, pero puede avanzar y crecer perdonándose a sí mismo y a los demás. Recuerde que los errores forman parte del ser humano y que siempre puede aprender de ellos.

Otras técnicas de limpieza del alma

- **Curación por el sonido:** La sanación con sonido utiliza frecuencias sonoras para equilibrar la mente, el cuerpo y el alma. Utiliza instrumentos como cuencos tibetanos, gongs o diapasones para producir vibraciones que penetran en el cuerpo y ayuden a liberar la energía bloqueada. Puede asistir a una sesión de sanación por sonido con un profesional o realizarla en casa poniendo música relajante y concentrándose en las vibraciones.

- **Limpieza de chakras:** Los chakras son centros energéticos del cuerpo que pueden bloquearse o desequilibrarse, provocando problemas físicos y emocionales. La limpieza de chakras utiliza diversas técnicas para liberar los bloqueos y equilibrar el flujo de energía. Las técnicas pueden incluir visualización, meditación o cristales.

- **Respiración:** La respiración utiliza técnicas respiratorias específicas para acceder a distintos estados de conciencia y liberar emociones o traumas almacenados. Puede practicarse con un profesional o en casa con meditaciones guiadas.

- **Baño de bosque:** el baño de bosque, conocido como *shinrin-yoku*, es una práctica japonesa que consiste en sumergirse en la naturaleza y utilizar todos los sentidos para conectar con el entorno. Puede ayudar a reducir el estrés y la ansiedad, mejorar el estado de ánimo y promover la calma y la relajación.

- **Corte de cuerdas:** Cortar el cordón es una técnica de visualización que consiste en cortar los cordones energéticos entre uno mismo y otra persona o situación. Puede ayudarle a liberar energía negativa, dejar atrás traumas del pasado y crear límites saludables.

- **Viaje chamánico:** El viaje chamánico utiliza tambores rítmicos u otros sonidos para entrar en un estado alterado de conciencia. Durante este estado, puede conectar con su sabiduría interior, guías espirituales y otras fuentes de orientación y sanación.

La limpieza del alma y del karma son prácticas vitales para cualquiera que busque una vida equilibrada y plena. Sus acciones, pensamientos y emociones crean su karma, que le afecta a usted y a los que le rodean. Purificar su alma y saldar las deudas kármicas le alinea con un propósito más elevado y le permite vivir en armonía con el universo. No siempre es un viaje fácil, y ocurrirán contratiempos, pero con dedicación, paciencia y perseverancia, puede transformarse e impactar positivamente en el mundo. Recuerde que el poder de limpiar su alma y su karma reside en su interior. Nunca es demasiado tarde para empezar. Así que, de el primer paso hoy, y comience su viaje hacia un futuro más brillante.

Capítulo 4: Limpiando tu espacio y el de los demás

Las energías e influencias del pasado se adhieren a personas y lugares. Por ejemplo, si se peleó con su cónyuge en el salón, el espacio se llenará de negatividad que no desaparecerá hasta que realice un ritual de limpieza. Por esta razón, la gente suele purificar sus casas después de un divorcio, una mala ruptura o problemas financieros para eliminar el impacto de estas experiencias negativas. Limpiar una zona es similar a pulsar un botón de reinicio, devolviéndola a su alta frecuencia original antes de que la energía negativa afecte a su vibración.

Limpiar su espacio despejará la energía negativa que lo rodea'

Limpiar su casa es necesario antes de realizar un trabajo espiritual o energético. Incluso si no ha experimentado negatividad, debería limpiar el lugar al menos una vez a la semana porque nunca se sabe qué vibraciones negativas ha traído usted o los miembros de su familia recientemente. Limpiar la energía negativa libera espacio para que las vibraciones positivas entren en su casa y en su vida.

Es similar a contraer la gripe. Cuando se recupera, suele lavar la ropa y darse una ducha para eliminar los gérmenes. Abre las ventanas para limpiar su casa de vibraciones enfermizas y dejar que fluya la energía. Después, se siente más ligero y mejor. Lo mismo ocurre cuando limpia una habitación. Sentirá que las vibraciones del espacio cambian y afectan a su estado de ánimo.

Como las personas y los objetos vibran en frecuencias diferentes, las vibraciones bajas suelen elevarse ligeramente para encontrarse con las frecuencias altas. Sin embargo, las vibraciones altas descienden para que ambas puedan encontrarse en el medio. Por ejemplo, si trae un cristal a un espacio sucio, la frecuencia de la zona aumentará, pero la vibración del cristal bajará para adaptarse a la energía circundante.

Mantenga su espacio protegido realizando constantemente rituales de purificación, especialmente después de tener invitados, para limpiar el impacto de su energía. La limpieza regular facilita la eliminación de vibraciones no deseadas antes de que causen daños graves.

Si desea aumentar la protección en torno a un espacio concreto, asegúrese de que está libre de energía negativa persistente. Puede saber que una habitación tiene baja vibración desde el momento en que entra porque se sentirá incómodo o tenso inmediatamente. Compruebe la energía del lugar antes de empezar a trabajar, aunque lo haya limpiado recientemente. Su cónyuge o un miembro de la familia podría haber tenido una discusión en casa y haber bajado su vibración.

La energía negativa en su hogar

Probablemente se pregunte si su casa tiene energía negativa o no. A menudo, puede sentir estas vibraciones en la habitación, pero, si está estresado o ansioso, puede ser difícil separar sus emociones negativas de las vibraciones de la casa. Sin embargo, hay ciertas señales que indican que la energía negativa de su casa le está afectando a usted y a su familia.

Malas relaciones

Fíjese en las relaciones de cada uno en casa. ¿Discute constantemente con su cónyuge? ¿Sus hijos se pelean siempre? ¿Siente que la relación con su familia es tensa? Esto podría generar vibraciones negativas en su hogar.

Quejas constantes

No se puede negar que la vida es estresante, y puede que de vez en cuando se queje de su trabajo, de su terrible jefe o del tráfico. Sin embargo, si usted y su familia se quejan constantemente (incluso cuando las cosas van bien) y no pueden encontrar lo bueno en la vida, su hogar necesita una limpieza.

Culpa excesiva

Si todo el mundo en su casa está siempre culpándose y criticándose y se niega a asumir la responsabilidad de sus acciones, esto podría ser el impacto de las vibraciones negativas.

Desorden

El desorden no sólo disminuye sus vibraciones, sino que también esparce energía negativa por su casa. Los muebles amontonados y el desorden pueden crear un ambiente caótico. Los muebles deben estar colocados de forma que la energía fluya fácilmente por la casa,

Limpiar un espacio es muy sencillo. Puede hacer muchos rituales semanales o diarios que no le llevarán mucho tiempo ni esfuerzo.

Este capítulo cubre varios rituales para purificar su casa, altar u otros espacios.

Despejar y limpiar su hogar

Retire todos los objetos que no necesite y pase la aspiradora para quitar el polvo de todos los rincones de su casa. No guarde objetos rotos, como un jarrón agrietado, porque invitan a las vibraciones negativas. Después de ordenar, limpie la casa con esta solución purificadora que puede preparar fácilmente en casa.

Ingredientes:

- 1 taza de sal marina
- 5 limones
- ¼ taza de vinagre blanco

Instrucciones:
1. Llene un cubo de agua, añada la sal marina y el vinagre blanco y, a continuación, exprima los limones.
2. Con una toalla, limpie la ventana, los marcos, las puertas y los pomos.

Construya un altar

Los altares son el lugar perfecto para el trabajo espiritual, pero también pueden liberar energía negativa o invitar a la positiva.

Instrucciones:
1. Coloque el altar en el espacio donde realizará su trabajo espiritual.
3. Establezca una intención para el altar, como invitar energía positiva a su hogar.
4. Limpie la zona, quitando el polvo y despejando el espacio.
5. Coloque varios objetos que simbolicen la protección, la abundancia, la buena salud, la buena fortuna y la prosperidad. En otras palabras, añada objetos que representen la energía que desea en su hogar.
6. Añada cristales, flores, cuadros, estatuas, velas, incienso u otros objetos que le aporten bienestar y felicidad.
7. Organice todos los objetos de su altar y evite desordenar el espacio que lo rodea.

Ritual del sahumerio nº 1

La quema de hierbas es uno de los rituales de limpieza más antiguos. Los nativos americanos lo utilizaron durante siglos para limpiarse y limpiar sus hogares de energía negativa. La receta de este ritual incluye múltiples hierbas secas, pero puede utilizar sólo un par si lo prefiere.

Ingredientes:
- Albahaca.
- Conos de pino.
- Clavo.
- Lavanda.
- Romero.

- Enebro.
- Hierba dulce.
- Cedro.
- Palo santo.
- Salvia de jardín.
- Salvia blanca.

Instrucciones:
1. Abra las ventanas de la casa para que escape la energía negativa.
2. Establezca una intención de lo que espera conseguir con este ritual, como limpiar su casa de vibraciones negativas, o piense en mantras y afirmaciones, como *"Estoy limpiando esta habitación de energía negativa para liberar espacio para el amor y la luz"*.
3. Envuelva las hierbas en un manojo y enciéndalas por un extremo hasta que suelten humo.
4. Abanique suavemente el humo con la mano y muévase en el sentido de las agujas del reloj por la habitación para limpiar el espacio deseado mientras repite la intención.

Ritual del sahumerio nº 2

Ingredientes y utensilios:
- Salvia con sangre de dragón o salvia blanca.
- Una vela.
- Incienso (elija su aroma favorito).
- Un plato de cerámica para el incienso.
- Aceite esencial de hierba dulce.

Instrucciones:
1. Organice y despeje el espacio antes de empezar el ritual y abra las ventanas.
2. Queme la salvia y muévase en el sentido de las agujas del reloj por la habitación mientras piensa en las vibraciones positivas de las que quiere rodeare y en lo que piensa hacer con el espacio limpio.
3. Ponga la salvia en un plato, colóquelo en el centro de su casa y deje que arda.

4. Ahora habrá liberado la energía negativa y liberado espacio para dar la bienvenida a las vibraciones positivas.
5. La hierba dulce puede atraer energía positiva, así que aplique de 10 a 20 gotas de aceite esencial de hierba dulce en un difusor. Es más eficaz utilizarlo directamente después de la salvia.

Ritual de pulverización

Ingredientes y utensilios:
- Aceites esenciales (utilice los aceites que prefiera).
- Alcohol puro.
- Agua destilada.
- Botella pulverizadora (de cristal o plástico).

Instrucciones:
1. Vierta 50 ml. de agua en un vaso vacío y añada 20 gotas de aceites esenciales.
2. Mezcle el alcohol con el agua.
3. Vierta la mezcla en un difusor o en un pulverizador y rocíe la habitación que desee limpiar mientras repite su intención.

Ritual de quemado

Utensilios:
- Papel.
- Bolígrafo.
- Vela.
- Cristal.
- Canela en rama.

Instrucciones:
1. Escriba lo que espera conseguir de este ritual de limpieza en el trozo de papel, dóblelo y colóquelo frente a usted.
2. Encienda la vela y úsela para encender la canela en rama.
3. Coloque la rama de canela y el cristal en la zona que desea limpiar y déjelos durante unos minutos (no pierda de vista la rama de canela porque puede suponer un peligro de incendio).
4. Queme el trozo de papel en la vela.

Ritual de la sal

En algunas culturas, la sal simboliza la pureza y puede limpiar una zona de energía negativa y elevar sus vibraciones.

Ingredientes:

- Sal.

Instrucciones:

1. Vierta una pequeña cantidad de sal en un cuenco y colóquelo en la puerta de entrada para evitar que la energía negativa entre en su casa.
2. Retire los objetos de la zona que quiera limpiar, quite el polvo de las esquinas y esparza la sal por la habitación.
3. Asegúrese de que la sal permanece intacta durante un par de días, así que mantenga a los niños y a las mascotas alejados de la habitación.

Ritual del diapasón

Las culturas antiguas utilizaban el poder del sonido y la música para curar distintas dolencias. En la antigua Grecia, los médicos utilizaban cuencos tibetanos, instrumentos y vibraciones como terapia de sonido para tratar el insomnio. Ciertas frecuencias sonoras pueden limpiar el aire de la energía negativa causada por el estrés y la tensión.

Utensilios:

- Diapasón.

Instrucciones:

1. Siéntese en una posición cómoda.
2. Establezca la intención de limpiar su zona y renovar la energía.
3. Golpee suavemente el diapasón contra una mesa o un espacio sólido.
4. Cierre los ojos y sienta cómo el sonido vibra en todas las zonas de la habitación.
5. Repita el proceso hasta que sienta que las vibraciones de la habitación aumentan.

Ritual de la campana

Puesto que el sonido puede ser un arma eficaz contra la energía negativa, puede utilizar otros métodos como tocar una campana. Toque una campana en distintas habitaciones de su casa y la vibración se extenderá por toda la casa, liberando la energía negativa.

Ritual de visualización

Instrucciones:
1. Siéntese en una habitación tranquila, sin distracciones, y relaje el cuerpo y la mente.
2. Cierre los ojos y respire profunda y lentamente.
3. Imagine una bola de luz dorada flotando junto a su corazón.
4. La luz se expande con cada respiración hasta salir de su cuerpo.
5. Esparza la luz por la zona que desea limpiar mientras establece una intención.
6. Cuando haya terminado, abra lentamente los ojos y exprese su gratitud.

Ritual del limón

¿Se ha preguntado alguna vez por qué muchos productos de limpieza contienen limón como ingrediente principal? El aroma del limón levanta el ánimo y puede alterar la energía de la habitación.

Sugerencias:
- Ponga 20 gotas de aceite esencial de limón en un difusor y colóquelo en la habitación que quiera limpiar.
- Corte limones en rodajas y colóquelos en varios cuencos en distintos rincones de la casa.
- Hierva a fuego lento cáscaras de limón y deje que el vapor llene la casa.

Ritual del agua

Ingredientes:
- Agua
- Agua de azahar, agua de rosas o su aceite esencial favorito.

Instrucciones:
1. Vierta agua filtrada en un cubo y añada de 2 a 5 gotas de aceite esencial, agua de rosas o agua de azahar.
2. Añada jabón limpiador al cubo y limpie el suelo, las ventanas y la puerta principal.

Ritual Reiki

No necesita un practicante para este ritual; puede hacerlo usted mismo en casa.

Instrucciones:
1. Siéntese en una postura cómoda y cierre los ojos.
2. Respire profundamente y concéntrese en su respiración.
3. Visualice una luz blanca sanadora que fluya desde la cabeza, luego hacia el cuerpo y salga por las manos.
4. Sienta el poder curativo en su interior, llenándole de energía amorosa y positiva.
5. Libere esta energía curativa a través de sus manos hacia la habitación.
6. Cuando termine, exprese su gratitud por la energía curativa.

Ritual de cristales

Utensilios:
- Cuarzo ahumado.
- Ónix.
- Turmalina negra.

Instrucciones:
1. Coloque estos cristales en la habitación o espacio que desee limpiar y déjelos durante unos días.
2. Después, limpie los cristales de la energía negativa dejándolos toda la noche bajo la luz de la luna.

Ventanas abiertas

El aire fresco puede eliminar la energía negativa de su casa y sustituirla por vibraciones positivas. Abra todas las ventanas y deje que el aire fresco llene el lugar. Puede encender los ventiladores para que circule el aire y abrir los cajones y armarios para liberar la energía estancada.

Pintar las paredes

Mire las paredes de su casa. Si los colores son oscuros o apagados y le hacen sentir estresado o deprimido, es hora de hacer algo de interiorismo. Vuelva a pintar las paredes de un color vivo o coloque un papel pintado interesante. Puede añadir arte mural y otros elementos decorativos para animar el lugar y liberar las vibraciones negativas.

Limpiar a sus hijos

No hay nadie a quien quiera más que a sus hijos y quiere protegerlos de todo mal. Es difícil para un padre creer que su hijo está expuesto a energía negativa. Sin embargo, los niños pueden experimentar estrés, ansiedad y vibraciones tóxicas a diario. Aunque no pueda protegerlos del mundo, puede evitar que la negatividad arruine sus vidas. Ciertas técnicas pueden limpiar a su pequeño de la energía negativa.

Visualización

Ha aprendido que la visualización es una técnica poderosa contra la energía negativa. Al igual que utiliza este método para elevar su vibración y purificar su hogar, puede utilizarlo para limpiar a su hijo de la energía negativa. Sin embargo, ellos no pueden hacer esta técnica por sí mismos, así que usted debe hacerla por ellos.

Instrucciones:

1. Siéntese en una habitación tranquila, en una postura cómoda y cierre los ojos.
2. Visualice una luz blanca protectora que envuelva a su hijo.
3. Dedique unos minutos a concentrarse en esta imagen, abra lentamente los ojos y exprese su gratitud.

Flujo espinal

Realice esta técnica con su hijo después de que haya estado expuesto a situaciones o personas negativas.

Instrucciones:
1. Coloque la mano en la parte superior de la columna vertebral del niño, entre los hombros y el cuello.
2. Mueva la mano lenta y suavemente hacia abajo, hasta el cóccix, y luego hacia arriba.
3. Dígale que respire profundamente mientras usted mueve la mano.
4. Repita este movimiento seis veces.

Ahora, enseñe a su hijo a proteger su energía o a "cerrar la cremallera".

1. Coloque su mano en el centro del torso delantero de su hijo.
2. Imagine que lleva un chaleco con una cremallera que le llega hasta la barbilla.
3. Con la mano, haga como si subiera la cremallera del chaleco indivisible desde abajo hacia arriba.
4. Repita el movimiento cuatro veces.

Enseñe a su hijo a hacer el movimiento de "subirse la cremallera". Es un ejercicio sencillo y divertido que disfrutarán haciendo a lo largo del día para contener su energía.

Pequeña cura del carbón

Este método funciona para un bebé o un niño pequeño. La energía negativa puede afectar a los recién nacidos. Si ha tenido invitados recientemente, sus vibraciones negativas podrían contagiarse a su bebé, causándole irritabilidad, llanto constante y náuseas. La cura del carbón es un tratamiento eficaz para proteger a su bebé contra la energía negativa.

Ingredientes y utensilios:
- Agua fría con 5 cubitos de hielo.
- 9 cerillas clásicas.
- Un vaso alto.

Instrucciones:

1. Fije sus intenciones y repítalas en voz baja o simplemente piense en ellas. No las diga en voz alta; debe estar en silencio para que este método funcione.
2. Vierta el agua y los cubitos de hielo en el vaso alto.
3. Encienda cada cerilla sobre el vaso de agua y concéntrese en la llama.
4. Cuando se haya quemado la mitad de la cerilla, déjala caer en el agua.
5. Cuente cada cerilla y añada "no" antes del número, como no una, no dos, no tres, etc.
6. Si las cerillas quedan por encima del agua, a su hijo no le afecta la energía negativa. Si las cerillas caen al fondo del vaso, su hijo ha estado expuesto a malas vibraciones.
7. Rece una pequeña oración o afirmación para bendecir el agua y utilizar la cura para sanar a su hijo de la energía negativa.
8. Introduzca los dedos en el agua y páselos por la frente de su hijo.
9. Moje los dedos y frótelos suavemente a los lados de los ojos y en las sienes.
10. Sumerja los dedos en el agua y frótelos en el cuello para eliminar la negatividad.
11. De nuevo, moje los dedos y frote su brazo izquierdo empezando por el hombro hasta llegar a los dedos. Haga como si estuviera sacando la energía de su cuerpo.
12. Repita el paso anterior en la pierna derecha.
13. Meta los dedos y mueva la mano desde el vientre hasta el pie.
14. Vuelva a mojar los dedos y muévalos hacia abajo a lo largo de cada pierna y haga como si estuviera alejando las vibraciones negativas.
15. Vierta el agua restante fuera de su casa.
16. Puede practicar este ritual con niños de cualquier edad o con un ser querido, como sus padres o su cónyuge.

Proteger a sus mascotas

Sus hijos peludos también merecen protección. La energía negativa puede afectar a las mascotas, sobre todo si su casa tiene malas vibraciones. Los animales son más susceptibles a la negatividad que las personas, ya que están más sincronizados con el universo. Estos métodos pueden limpiarlos de la energía negativa y mantenerlos protegidos.

Practicar el reiki

Lleve a su mascota a un practicante de reiki, o puede hacerlo usted mismo usando el ritual de reiki mencionado anteriormente.

Utilizar cristales

Cuelgue cristales curativos en su collar, debajo de su cama o en el agua. Sin embargo, tenga cuidado, ya que sólo unos pocos cristales son seguros para poner en el agua, como el cuarzo transparente, el cuarzo ahumado o el cuarzo rosa. No ponga piedras pequeñas; su mascota se las tragará, así que opte por las grandes.

Coloque símbolos espirituales a su mascota

Coloque un símbolo espiritual en el collar de su mascota, como el mal de ojo, el símbolo OM o la Mano Hamsa, para protegerla contra la energía negativa.

Visualización

Emplee la misma técnica de visualización que utilizó con su hijo para limpiar a su mascota.

Puede proteger su casa, sus hijos, sus mascotas y sus seres queridos del impacto de la energía negativa. Los rituales no tienen por qué ser complicados y complejos para limpiar su hogar. Repita con regularidad estos sencillos y fáciles rituales para mantener su casa y su familia a salvo.

Capítulo 5: Después de la limpieza: La curación del aura

Ha aprendido a limpiar su energía psíquica y los espacios que le rodean de la contaminación negativa. A medida que trabaje con las técnicas, notará una increíble ligereza y claridad dentro de su alma al despojarla de capas de negatividad. Sin embargo, hay otro aspecto a tener en cuenta: su aura. Imagine su alma como un espejo recién limpiado y pulido que refleja la versión más pura de sí mismo. Refleja su estado cuando ha limpiado y purificado su energía psíquica.

Las auras son campos de energía que rodean el cuerpo físico[5]

Pero, cuando vuelva al mundo, pronto se dará cuenta de que el espejo no es tan puro como pensaba. Está rodeado de una neblina de polvo, arañazos y manchas. Lo mismo ocurre con su aura. Aunque haya limpiado su energía, su aura todavía puede estar contaminada por la energía negativa y las experiencias por las que ha pasado. Cada mota de polvo y arañazo en la superficie representa una emoción, experiencia o pensamiento que le ha impactado. Estas huellas pueden distorsionar el reflejo de su alma y dificultar la conexión con su verdadero yo.

El concepto de aura se suele tachar de pseudociencia, pero ha estado presente en varias culturas a lo largo de la historia. El aura puede definirse como un campo de energía sutil que rodea e impregna el cuerpo físico y contiene información sobre su estado físico, emocional y espiritual. Está conectada con el alma y se ve afectada por pensamientos, emociones y experiencias. Aunque intangible, puede afectar profundamente a su bienestar y a su capacidad para desenvolverse en el mundo que le rodea.

Su aura es un escudo protector que absorbe y filtra las energías de su entorno. Como cualquier escudo, tiende a desgastarse con el tiempo, dejándole vulnerable a ataques dañinos. Si su aura no está energizada y limpia, las energías negativas pueden filtrarse a través de las grietas de su escudo protector y debilitar su aura, haciéndole más susceptible al daño. Esta aura dañada puede manifestarse como desequilibrios físicos, emocionales y mentales si no se controla. Por consiguiente, es imperativo prestar a su aura la atención y el cuidado que requiere.

Cuando limpia, sana y fortalece su aura, en última instancia mejora su capacidad para navegar por el mundo y conectar mejor con su yo psíquico. Pero, la pregunta es, ¿por dónde empezar? Este capítulo proporciona una guía completa para limpiar y sanar su aura del daño que se le ha infligido. Puede utilizar varias técnicas, como la limpieza con sahumerios, la sanación con cristales o los baños de sal. Aprenderá a restaurar el equilibrio de su aura, eliminar las energías negativas remanentes y revitalizar su aura psíquica. Además, comprenderá la relación entre un aura sanada y la protección psíquica y cómo un aura fuerte puede potenciar su crecimiento espiritual.

¿Qué es el aura?

El aura es un campo de energía sutil que rodea e impregna el cuerpo físico. A menudo se describe como un campo luminoso de color que ven o sienten las personas sensibles. El propósito del aura es multifacético y ha sido estudiado por varias tradiciones espirituales y sanadores energéticos. Una de las principales funciones del aura es proteger el cuerpo físico de las energías negativas externas. El aura actúa como un escudo que absorbe y filtra las energías negativas antes de que puedan entrar en el cuerpo. Por ello, muchos sanadores energéticos recomiendan a la gente que tome medidas para proteger su aura, como llevar cristales protectores, practicar la meditación o evitar a las personas o entornos negativos.

Otra función del aura es reflejar el estado del cuerpo, la mente y el alma. Los colores, texturas y patrones del aura pueden cambiar en función del estado emocional, la salud física y el bienestar espiritual de una persona. Los sanadores energéticos utilizan esta información para diagnosticar y tratar los desequilibrios del campo energético de una persona. El aura es también un conducto para la energía y la comunicación espirituales. El aura está conectada con los reinos espirituales y puede actuar como puente entre el mundo físico y los planos superiores de la existencia. Mediante prácticas como la meditación, la oración o la sanación energética, las personas pueden abrir y activar su aura para recibir guía divina, sanación e inspiración.

Cómo se relaciona el aura con el alma

El alma suele describirse como la esencia de una persona. Es la parte que trasciende el cuerpo físico y existe más allá de los límites del tiempo y el espacio. En cambio, el aura es la contrapartida energética del cuerpo físico y está estrechamente relacionada con el alma. El aura es una extensión del alma, que refleja sus cualidades y características. Los colores y patrones del aura pueden revelar aspectos de la naturaleza espiritual de una persona, como su nivel de conciencia, sus fortalezas y debilidades internas y su conexión con lo divino.

El aura está íntimamente relacionada con el sistema de chakras, una serie de centros energéticos situados a lo largo de la columna vertebral. Cada chakra corresponde a un aspecto diferente del cuerpo, la mente y el alma e influye en las cualidades del aura asociadas a esa zona. Por ejemplo, el chakra del corazón se asocia con el amor, la compasión y la conexión con los demás, e influye en el color y la textura del aura de esa zona. El chakra de la coronilla se asocia con la conexión espiritual, la iluminación y la trascendencia, e influye en las capas superiores del aura.

Las diferentes capas del aura

A menudo se dice que el aura tiene múltiples capas con características y funciones únicas. Aunque diferentes tradiciones y sanadores energéticos utilizan terminología o descripciones ligeramente diferentes para estas capas, en general se considera que el aura tiene siete capas principales.

1. **La capa física:** Esta capa es la más cercana al cuerpo físico y se asocia principalmente con las sensaciones físicas. Se ve como una banda de luz que rodea el cuerpo y se extiende desde unos dos centímetros hasta varios metros más allá de la piel.
2. **La capa emocional:** Esta capa está asociada con las emociones y los sentimientos y puede verse como una nube de color que rodea el cuerpo. Dependiendo del estado emocional de la persona, los colores de la capa pueden cambiar rápidamente.
3. **La capa mental:** Esta capa está asociada a los pensamientos, ideas y creencias y se ve como una red de líneas o patrones de luz que rodean el cuerpo.
4. **La capa astral:** Esta capa está asociada con el reino astral o espiritual y se ve como una bruma o niebla que rodea el cuerpo. Es el puente entre los reinos físico y espiritual y, a menudo, el foco de la proyección astral o de las experiencias extracorpóreas.
5. **La capa etérica:** Esta capa está asociada con la vitalidad y la energía vital y se ve como una red o matriz de luz que rodea el cuerpo. A menudo se describe como el plano del cuerpo físico e influye en la salud física y el bienestar de una persona.
6. **La capa celestial:** Esta capa se asocia con la conciencia superior y la conexión espiritual y se ve como una luz brillante que rodea el cuerpo. A menudo se describe como la puerta de entrada a lo divino y es el centro de muchas prácticas espirituales y meditaciones.
7. **La capa ketérica:** Esta capa se asocia con los niveles más elevados de conciencia e iluminación espiritual y se ve como una luz brillante y dorada que rodea el cuerpo. Es la fuente de toda energía espiritual y el objetivo último de muchas prácticas y caminos espirituales.

Cada capa del aura tiene cualidades y funciones únicas. Sin embargo, todas están interconectadas y se influyen mutuamente. Las personas pueden mejorar su crecimiento espiritual y conectar más profundamente con su yo más íntimo y con lo divino purificando y activando cada capa del aura.

¿Qué puede dañar el aura?

El aura es un campo de energía sutil que interactúa constantemente con el entorno y en el que influyen numerosos factores. Aunque el aura está diseñada para proteger el cuerpo físico de las energías negativas externas, hay varias cosas que pueden dañarla o debilitarla, como las emociones y experiencias negativas, la exposición a energías nocivas y la falta de autocuidado.

1. Emociones y experiencias negativas

Las emociones y experiencias negativas afectan significativamente al aura. Cuando una persona experimenta emociones fuertes, como miedo, ira o tristeza, el aura puede nublarse o decolorarse, reflejando la energía negativa generada. Con el tiempo, la exposición repetida a emociones negativas puede debilitar o dañar el aura, haciéndola más vulnerable a las energías negativas externas. Además de las emociones negativas, las experiencias negativas, como los traumas o los abusos, pueden afectar profundamente al aura. Las experiencias traumáticas pueden dejar huellas energéticas en el aura, provocando síntomas emocionales y físicos persistentes. Estas huellas pueden ser difíciles de borrar y requerir la ayuda de un sanador o terapeuta energético.

2. Exposición a energías nocivas

La exposición a energías nocivas puede dañar el aura. Las energías nocivas pueden proceder de diversas fuentes, como la radiación electromagnética de los dispositivos electrónicos, el estrés geomático de las venas de agua subterráneas o de las fallas geológicas, y las energías negativas de las personas o del entorno. La radiación electromagnética de los aparatos electrónicos, como ordenadores, teléfonos móviles y televisores, puede alterar el campo energético del aura, debilitándolo o desequilibrándolo. El estrés geomático, causado por la radiación natural de la tierra, puede afectar negativamente al aura.

Las energías negativas de personas o entornos pueden dañar el aura. Estar cerca de personas negativas o en entornos negativos puede hacer que el aura se nuble o se decolore, reflejando la energía negativa. Es importante ser consciente de las personas y los entornos que le rodean y tomar medidas para proteger su aura.

3. Falta de autocuidado

La falta de cuidado personal también puede dañar el aura. Descuidar las necesidades físicas, emocionales y espirituales puede debilitar o desequilibrar el aura. Esto incluye no dormir lo suficiente, no seguir una dieta sana, no hacer ejercicio con regularidad o no practicar actividades de autocuidado, como la meditación o el yoga. Descuidar las necesidades emocionales y espirituales puede afectar negativamente al aura. Por lo tanto, es esencial abordar los desequilibrios emocionales o espirituales que pueda estar experimentando y tomar medidas para sanar y fortalecer el campo energético. Los métodos de curación pueden incluir trabajar con un sanador energético o un terapeuta, participar en prácticas espirituales como la meditación o la oración, o cultivar relaciones y entornos positivos.

¿Cómo saber si su aura necesita curación?

El aura es un campo de energía en constante evolución que puede debilitarse o dañarse con el tiempo. Es vital conocer los signos y síntomas de un aura dañada y cultivar la autoconciencia y la intuición para saber cuándo necesita sanarse. Existen varios métodos, como las lecturas energéticas y la fotografía del aura, que proporcionan información adicional sobre el estado del aura.

Signos y síntomas de un aura dañada

Varios signos y síntomas pueden indicar que su aura está dañada o necesita curación. Estos incluyen:

- Sentirse emocionalmente agotado o abrumado.
- Experimentar síntomas físicos como fatiga, dolores de cabeza o problemas digestivos.
- Sentirse desconectado del cuerpo o del entorno.
- Ser demasiado sensible a las emociones o la energía de otras personas.
- Sentirse ansioso, deprimido o malhumorado.
- Dificultad para dormir o sueños intensos.

- Sensación de pesadez o presión alrededor de la cabeza o los hombros.
- Sentirse espiritualmente bloqueado o atascado.

Otros factores, como una enfermedad física o el estrés, podrían causar estos síntomas. Sin embargo, supongamos que experimenta síntomas persistentes o inexplicables. En ese caso, merece la pena explorar si su aura contribuye a su salud y bienestar general.

Autoconocimiento e intuición

La autoconciencia y la intuición son herramientas importantes para evaluar el estado del aura. Practicando la autorreflexión y la atención plena se puede estar más en sintonía con el campo energético e identificar mejor cuando algo se siente "raro". Prestar atención a la intuición y escuchar la voz interior proporciona información valiosa sobre el estado del aura y sobre si requiere curación.

Lecturas energéticas y fotografía del aura

Las lecturas energéticas y la fotografía del aura son herramientas útiles para aquellos interesados en métodos más objetivos de evaluar su aura. Las lecturas energéticas requieren trabajar con un sanador o profesional de la energía para evaluar el aura mediante diversas técnicas, como el escaneo, la evaluación de los chakras o las pruebas musculares. La fotografía del aura utiliza cámaras especializadas para capturar imágenes del aura y proporcionar una visión visual del estado de su campo energético.

Maneras de curar un aura dañada

Si ha detectado que su aura podría estar dañada o necesita curación, existen varios métodos para ayudar a restablecer el equilibrio y la vitalidad de su campo energético. Estos métodos incluyen técnicas de limpieza del aura, modalidades de curación energética, cambios en el estilo de vida y prácticas de autocuidado.

Técnicas de limpieza del aura

Las técnicas de limpieza del aura eliminan la energía negativa y los bloqueos del aura, permitiéndole funcionar de forma óptima. Algunas técnicas populares de limpieza del aura son:

- **Sahumerio:** Consiste en quemar hierbas como la salvia o el palo santo para eliminar la energía negativa del aura y del espacio físico.
- **Baños de sal:** Sumergirse en un baño con sales de Epsom o sal del Himalaya puede ayudar a eliminar la energía negativa y favorecer la relajación.
- **Curación con cristales:** Ciertos cristales, como el cuarzo claro o la amatista, pueden absorber la energía negativa y favorecer la curación del aura.
- **Reiki:** El reiki es una curación energética en la que el practicante canaliza energía curativa hacia el receptor para equilibrar y limpiar el aura.
- **Sanación por el sonido:** El sonido curativo utiliza frecuencias y vibraciones específicas, como los cuencos tibetanos o los diapasones, para favorecer la curación del aura.
- **Baños de hierbas:** Sumergirse en un baño con infusión de hierbas como la lavanda o la manzanilla puede favorecer la relajación y liberar la energía negativa del aura. Diferentes hierbas tienen diferentes propiedades que pueden afectar específicamente el aura.
- **Esencias florales:** Las esencias florales son diluciones de extractos de flores con propiedades energéticas que afectan al aura. Estas esencias pueden tomarse por vía oral o aplicarse tópicamente para promover la curación y el equilibrio del aura.

Modalidades de curación energética

Las modalidades de curación energética promueven la curación y el equilibrio de los sistemas energéticos del cuerpo, incluida el aura. Algunas modalidades populares de curación energética incluyen:

- **Acupuntura:** La acupuntura consiste en insertar agujas finas en puntos específicos del cuerpo para favorecer el equilibrio y la curación del campo energético.
- **Reflexología:** La reflexología es la aplicación de presión en puntos específicos de los pies, las manos y las orejas para promover la curación y el equilibrio en el campo energético.

- **Sanación de los chakras:** La curación de los chakras trabaja con los centros de energía del cuerpo (chakras) para promover el equilibrio y la curación en el aura.
- **Qigong:** El Qigong es una práctica china que utiliza movimientos lentos y suaves, técnicas de respiración y meditación para promover el equilibrio y la curación en el campo energético.
- **Sanación pránica:** La sanación pránica utiliza los centros energéticos del cuerpo para eliminar bloqueos y promover el equilibrio y la curación en el campo energético.
- **Terapia de polaridad:** La terapia de polaridad equilibra el campo energético del cuerpo mediante el tacto, el movimiento y técnicas de comunicación. Esta modalidad se basa en la idea de que los pensamientos, las emociones y las experiencias físicas afectan al campo energético del cuerpo.
- **Acceso a la conciencia:** Este método utiliza diversas herramientas y técnicas, incluidos procesos verbales, trabajo corporal y limpieza energética, para ayudar a las personas a acceder a su sabiduría interior y crear cambios positivos en su vida. Entre las herramientas más conocidas están "Las Barras", que tocan puntos específicos de la cabeza para liberar bloqueos energéticos y favorecer la relajación.

Cambios en el estilo de vida y prácticas de autocuidado

Los cambios en el estilo de vida y las prácticas de autocuidado consisten en tomar decisiones conscientes para favorecer la salud y el bienestar de su campo energético. Algunas de las prácticas más eficaces son:

- **Meditación:** La meditación consiste en sentarse en silencio y concentrarse en la respiración o en un objeto concreto para favorecer la relajación y el equilibrio del campo energético. La meditación regular puede ayudar a reducir el estrés y promover el bienestar general.
- **Ejercicio:** El ejercicio es una parte importante del mantenimiento de un campo energético saludable. La actividad física puede ayudar a reducir el estrés, aumentar la circulación y promover el bienestar general.

- **Dieta sana:** Llevar una dieta equilibrada y nutritiva puede ayudar a mantener la salud de su campo energético proporcionándole nutrientes esenciales y promoviendo el bienestar general.
- **Afirmaciones positivas:** Las afirmaciones positivas consisten en repetirse a uno mismo afirmaciones positivas para fomentar la autoconversación positiva y el bienestar emocional.
- **Establecer límites**: Poner límites es establecer límites claros consigo mismo y con los demás para proteger su energía y promover el bienestar.

Cómo mantener un aura fuerte

Mantener un aura fuerte es esencial para la salud y el bienestar general. Al igual que cuida su cuerpo físico con ejercicio, alimentación sana y descanso, debe cuidar su campo energético para promover una salud óptima. He aquí algunas formas creativas y eficaces de mantener el aura fuerte y vibrante:

- **Blindaje:** Blindarse es visualizar un escudo protector alrededor de su campo de energía para mantener la energía negativa fuera y proteger su aura. Puede imaginar el escudo como una burbuja o un campo de fuerza que rodea y protege su campo energético.
- **Conexión a tierra:** El enraizamiento consiste en conectar con la tierra para fomentar el equilibrio y la estabilidad de su campo energético. Visualice raíces que crecen desde sus pies hacia la tierra o pase tiempo en la naturaleza, como caminar descalzo por el suelo.
- **Visualizaciones:** Las visualizaciones utilizan su imaginación para crear una imagen positiva y protectora en su mente. Por ejemplo, visualícese rodeado de una luz blanca que protege su campo energético o rodeado de un grupo de personas positivas que le apoyan.
- **Terapia del color:** La terapia del color utiliza colores específicos para promover el equilibrio y la curación del campo energético. Por ejemplo, vestirse o rodearse del color verde puede favorecer el equilibrio y la armonía, mientras que el azul puede favorecer la calma y la comunicación.

- **Feng shui:** Crear un espacio armonioso y equilibrado mediante el feng shui puede ayudar a promover un aura fuerte. Consiste en organizar el espacio para favorecer el flujo de energía y el equilibrio.

Mediante la incorporación de estas técnicas eficaces en su rutina diaria, puede mantener un aura fuerte y saludable para apoyar su bienestar físico, emocional y espiritual.

Se han descrito varios métodos para curar y mantener el aura. Hay muchos más disponibles en Internet o en tiendas de salud.

Sanar su aura es una parte esencial para mantener el bienestar general y fortalecer la protección psíquica. Comprendiendo qué es el aura, qué puede dañarla y cómo curarla, puede controlar su estado energético y mejorar su crecimiento espiritual. Incorporar prácticas regulares de mantenimiento del aura y técnicas de protección puede ayudarle a mantener un aura fuerte y a navegar por el mundo con mayor facilidad y confianza.

Capítulo 6: Invocando la protección de los ángeles

Los seres angélicos han asistido a los humanos durante miles de años y están más que dispuestos a guiar y ayudar cuando se enfrentan a un obstáculo o una situación difícil. Este capítulo explica cómo los ángeles o arcángeles pueden protegerle, a su espacio y a sus seres queridos contra los ataques psíquicos. Aprenderá que los ángeles son seres bendecidos con inmensos poderes. Se les puede invocar para que trabajen en su favor, le guíen por la vida y le envuelvan con energías protectoras. Son criaturas espirituales con muchas formas. Sin embargo, no están ligados a una presencia física, por lo que no aparecerán en su forma natural. Los ángeles tienen diferentes propósitos y jurisdicciones. Por ejemplo, los arcángeles tienen la especialidad que gobiernan y pueden ser convocados para resolver asuntos específicos. Son líderes entre los ángeles y tienen una inmensa firma energética. Aunque las personas suelen ser más sensibles a la energía de su ángel de la guarda, se puede sentir un cambio energético en la habitación cuando aparece un arcángel. Los ángeles de la guarda le guían por la vida desde el nacimiento, señalándole caminos y propósitos y ayudándole a curarse de traumas pasados. Acuden en su ayuda cuando la necesita o dirigen sus mensajes a su ángel de la guarda o arcángeles.

Los ángeles de la guarda le guían a lo largo de su vida[6]

Los ángeles guardianes son responsables de su crecimiento espiritual y le protegen en el viaje de su vida. A diferencia de los arcángeles, que trabajan con todo el mundo, los guardianes trabajan exclusivamente con las personas a su cargo. Su ángel de la guarda tiene un vínculo único y le proporciona amor y apoyo incondicionales, y todo lo que pueda necesitar para elevar sus defensas psíquicas. Aunque no interferirán en sus decisiones conscientes, se les puede llamar, lo que es estupendo si necesita una inyección de energía urgente para alejar las vibraciones negativas.

Puede llamar a un ángel cuando luche por mantener alejadas las energías negativas o tema los ataques psíquicos entrantes. Sin embargo, su ángel de la guarda es el más cercano a usted y puede absorber sus emociones y vibraciones, por lo que sabrá que lo necesita antes que usted. Sentirá la presencia de su ángel de la guarda en momentos de desesperación o estrés causados por influencias espirituales negativas. Puede que le envíe un mensaje sutil para llamar su atención y ayudarle a abrazar sus poderes protectores.

Los ángeles de la guarda no son sólo para los momentos difíciles. Puede recurrir a ellos siempre que necesite apoyo y protección psíquica. Puede ayudarle a mantener su energía y protegerle cuando se adentra en territorios desconocidos, como cuando se reúne con personas que no conoce (por lo que desconoce sus intenciones y emociones).

Aunque los ángeles (sobre todo los guardianes) están deseando aceptar la invitación a entrar en su vida, conectar con ellos es un proceso muy personal. Puede invocarlos como desee. Puede invocar a un ángel o a varios, ya que a veces la protección psíquica requiere varias capas de poderes angélicos.

Invocando la protección de los ángeles

Una oración sencilla y sincera es la forma más fácil de llamar a un ángel. Por ejemplo, puede decir:

"Gracias, (nombre del ángel que quiere invocar), por guiarme en esta situación. Agradezco tu guía y protección".

Cuando invoque a un ángel para que le proteja, recuerde que su espíritu le guía con la verdad más elevada. Llevan vibraciones increíblemente elevadas, independientemente del ángel que invoque. Merecen su gratitud, por lo que siempre es una gran idea comenzar dirigiéndose a ellos con un "gracias". También le recuerda que la ayuda angélica ya está en camino.

Cuando contacte por primera vez con su guardián, guía espiritual u otro ángel, primero debe presentarse. Aunque ya sepan quién es espiritualmente, no está de más ser educado y respetuoso. Invoque a su ángel de la guarda a través de una simple meditación.

Instrucciones:

1. Póngase cómodo en un lugar apartado, cierre los ojos y respire profunda y largamente.
2. Con la mente, llame a su ángel de la guarda, dele la bienvenida y pídale que le revele su nombre.
3. Utilice el método de relajación que prefiera. Utilice cualquier técnica que le ayude a centrarse y enfocarse en una intención específica.
4. Puede meditar durante el tiempo que desee. Puede escuchar el nombre de su tutor como un pensamiento o un sonido audible durante la meditación. O puede guiarle para que lo escriba en su diario.
5. Si no recibe un mensaje de su ángel de la guarda en su primera meditación, no se preocupe. Puede que aún no esté preparado para recibirlo, pero llegará. Probablemente llegará de forma inesperada, como en una canción o en una matrícula.

Hay otras formas de interactuar, trabajar con los ángeles y utilizar sus poderes protectores. A continuación, se indican algunas.

Conozca al ángel

El primer paso para aprovechar la energía de un ángel es conocerlo. He aquí cómo aprender más sobre el ángel con el que está trabajando:

1. Busque un lugar tranquilo (preferiblemente con una puerta que pueda cerrar para evitar las influencias energéticas de otras personas).
2. Siéntese cómodamente, cierre los ojos, relaje la mente y póngase en contacto con su intuición. Pídale a su intuición el nombre de ángeles que le ayuden en sus tareas actuales.
3. El nombre del ángel aparecerá en su mente. Si no lo hace, los ángeles le están dejando elegir con quién quiere trabajar. Incluso puede nombrar usted mismo al ángel.
4. Si le invitan a nombrar a un ángel, elija un nombre que le haga sentir protegido y querido cuando piense en él. Su nombre debe hacerle sentir cálido, en paz y sonreír.
5. Escriba el nombre del ángel que ha invocado para poder llamarlo cuando lo necesite.
6. Una vez tenga su nombre, diríjase al ángel, pregúntele cómo puede ayudarle, cómo le enviará señales y cómo sabrá que le protegerá. Ofrezca también pistas sobre cómo quiere que le protejan y contacten con usted.
7. Utilizar los nombres de los ángeles le ayudará a estar más conectado con ellos y hará que parezcan más reales y disponibles cuando necesite protección.

Pídales que le envíen una señal

A los ángeles les encanta enviar mensajes para mejorar su vida o recordarle su amorosa presencia y protección. Puede pedirles que le envíen una señal de sus energías protectoras escribiendo esta petición en su diario, expresándola a través de la oración, pidiéndola en un hechizo o ritual, o meditando sobre su petición. Después de pedir una señal de su protección, debe prestar atención a su entorno. Busque señales de los ángeles que le indiquen que ya no corre el riesgo de sufrir ataques físicos. Podrían venir en un sueño profético, una nueva perspectiva sobre una situación problemática, o una oportunidad o relación inesperada.

Dedicarles algo

No dude en dedicar canciones, poemas o cartas a los ángeles. No importa quién sea el autor. Puede ser una canción que haya escuchado en la radio o un poema que haya leído recientemente. Lo único que importa es que el ángel entienda cómo desea comunicarse. Una vez que lo sepa, le asegurará su protección a través de estos medios. Puede escribirles una carta o un poema. Podría ser sobre el deseo de protección o curación, o expresando gratitud por la protección angélica.

Oración para la protección angélica

La siguiente oración es una gran herramienta para evocar a sus ángeles de la guarda. Es una forma excelente de honrarlos y demuestra que es consciente de su presencia y que los convocará si es necesario. Su ángel de la guarda le ayudará a alejar las afiliaciones maliciosas que amenazan su bienestar espiritual.

Instrucciones:

1. Vaya a su espacio sagrado y encienda una vela para el ángel de la guarda.
2. Respire profundamente para centrarse y eliminar de su mente los pensamientos que le distraen.
3. Concéntrese en tu intención de atraer la protección angélica a su vida, a su espacio o a la de sus seres queridos.
4. Cuando esté listo, recite la siguiente oración:

   "Mi ángel, mi cariñoso guardián,

   defienda a (inserte el nombre) en los retos venideros,

   para que las buenas vibraciones no se pierdan al enfrentarse a influencias negativas.

   Mi guardián, ha estado a mi lado durante toda mi vida.

   Que me proteja en todos mis viajes".

Protección psíquica con los Arcángeles

Esta meditación abre la puerta a una limpieza energética eficaz para contrarrestar los ataques psíquicos y eliminar los restos de energías tóxicas de su vida. A través de ella, puede experimentar la energía protectora de los Arcángeles, los protectores espirituales más poderosos del universo. Por ejemplo, puede utilizarlo para invocar al Arcángel Miguel y erradicar todas las formas de miedo y negatividad de su vida. Sea cual sea el arcángel que elija invocar, esta meditación le ayudará a experimentar su presencia fortalecedora y orientadora mientras elevan sus energías, permitiéndole obtener salud y bienestar espirituales.

Instrucciones:

1. Busque un lugar cómodo donde no le molesten durante al menos 30 minutos.
2. Cierre los ojos y respire profundamente para centrar su mente y conectarse a tierra.
3. Cuando esté relajado, visualice sus deseos fundamentales (intención) como una esfera brillante que resplandece con luz blanca.
4. Concéntrese en la esfera y disfrute del silencio y la paz que aporta a su mente. Inspire, como si intentara que la calma penetre en su cuerpo.
5. Al exhalar profundamente, abandone todos los demás pensamientos de su conciencia. Deje que la energía calmante fluya hacia su interior y no permita que nuevos pensamientos invadan su conciencia.
6. Permita que su intención trascienda el espacio e imagine que ha tomado la forma de un templo espacioso. Visualícese entrando en el templo y observando cómo se ve, se siente y suena.
7. El templo es su espacio sagrado, donde las energías divinas le protegen. Ninguna otra energía puede entrar sin permiso ni atraer la suya en contra de su voluntad. Aquí tiene todo el poder para protegerse.
8. Mientras explora el templo, sienta cómo la energía del templo irradia por todo su cuerpo. Sienta seguridad, calma, amor y bienestar.
9. Ahora, imagine que su espacio divino se transforma en un orbe de luz blanca giratoria. Sienta cómo el orbe vibra y flota hacia arriba, llevándole a través del espacio hasta el horizonte luminoso que hay sobre usted.
10. Al pasar junto a una masa dorada luminosa que viaja hacia una fuente de luz brillante, siéntase envuelto en más amor, protección, paz y alegría a medida que las partículas de energía elevan sus energías.

11. Sienta cómo las energías protectoras entran en su cuerpo, zumbando como los latidos de su corazón. Si se siente guiado hacia ciertos pensamientos y emociones, siéntase libre de unirse a ellos y seguirlos.

12. Por un momento, vuelva a sí mismo y deje que las nuevas emociones le invadan. Vuelva a su visión anterior en la siguiente inhalación. Visualice al arcángel frente a usted con su espada sagrada a su lado.

13. Imagine que abraza al ángel. Puede que le pida permiso para darle poder con energía protectora. Después de concederle permiso, invite al arcángel a entrar y deje que escanee su mente, cuerpo y alma para ver dónde necesita más protección.

14. Identificarán y localizarán las energías negativas; con su espada, las atravesarán, desprendiéndolas de su cuerpo y liberándole de sus ataduras. Le ayudarán a eliminar los restos del ataque psíquico y le asegurarán que, a partir de ahora, nadie podrá manipular su energía sin permiso.

15. Respire profundamente y deje que las energías negativas se vayan, asimilando los cambios a medida que su energía se limpia. Observe los pensamientos y sentimientos que le atraviesan a medida que las influencias negativas se van alejando de su vida.

16. Hágase preguntas relacionadas con estas emociones. Por ejemplo, pregúntese a quién tiene que perdonar si siente resentimiento. A quien le venga a la mente, concédale el perdón y sustitúyalo por amor. Si teme que alguien afecte negativamente a sus vibraciones, dígale que ya no tiene permiso para acceder a su energía. Libere la interacción negativa que ha mantenido con esta persona.

17. Suelte lentamente las imágenes y sienta el alivio que le invade, entrelazado con las olas del perdón. El arcángel le está fortaleciendo con su energía protectora. Si necesita ayuda adicional con la sanación espiritual, pida al arcángel que le bendiga con energía sanadora.

18. Visualícese envuelto en una túnica blanca, sujeta con una cadena púrpura, símbolo de los poderes protectores del ángel.

19. El ángel crea tres orbes resplandecientes de energía a su alrededor, cada uno girando en una dirección diferente. Están conectados a su energía; entre ellos hay un poderoso campo de energía. Sus direcciones nunca pueden alinearse, por lo que ninguna fuerza

externa puede romper el campo.
20. Los orbes velarán por usted y montarán guardia para evitar futuros ataques. Representan una conexión con el arcángel, al que ahora puede invocar más fácilmente.
21. Vuelva a su cuerpo y siéntase fortalecido por su protección psíquica reforzada. Con una respiración centrada, abra los ojos y vuelva a su vida.

Magia del Sigilo Angelical

Los sigilos son imágenes de símbolos que se incorporan a diferentes actos mágicos. Representan el objetivo o la intención que se desea manifestar: la protección angélica. Como son herramientas mágicas, los sigilos deben activarse con un ritual. Puede utilizar sigilos angélicos prefabricados o crear los suyos propios concentrándose en lo que quiere conseguir con ellos y canalizando su energía espiritual hacia ese propósito. La energía del ángel al que pertenece el símbolo mantiene esta energía.

Utilización de sellos angélicos

Debe utilizar el ritual correcto para establecer la línea de comunicación cuando utilice sellos de invocación de ángeles. Debe elegir el ángel adecuado para su intención, su asociación (días, velas, oraciones) y la intención apropiada.

He aquí un sencillo hechizo de invocación para la protección angélica:

1. En su lugar sagrado, disponga sus herramientas: un sello angélico, una vela asociada al ángel y otra vela que represente su intención (utilice una sola vela si su intención coincide con los poderes del ángel).
2. Encienda la(s) vela(s) y tome el papel con el sello cargado en sus manos.
3. Sosteniendo el sello cerca del cuerpo, colóquese en una posición cómoda y relájese, respirando profundamente unas cuantas veces.
4. Cierre los ojos y visualice el sello frente a usted. Si le cuesta realizar este paso, puede mantener los ojos abiertos y mirar profundamente el sello.
5. Una vez que esté totalmente concentrado en el sello y haya eliminado de su mente cualquier otro pensamiento, exprese su intención en voz alta:

*"Por el poder del ángel cuya energía está en este sello,
pido que se cumplan mis deseos.
Que yo y los que me rodean seamos protegidos,
y guiados por el camino sagrado de los ángeles".*

6. Tras otra respiración profunda, suelte la imagen del sello y abra los ojos (o deje el papel con el sello) y vuelva a sus actividades cotidianas.

Si el ángel que ha invocado a través del sello quiere enviar un mensaje, lo hará pronto. Usted puede recibir este mensaje en sus sueños al aprovechar su intuición, al realizar su intención, al leer un libro, o en situaciones o visiones relacionadas con su hechizo de sigilo angélico.

Usted puede convocar el poder de un ángel a través de la magia sigil. Sin embargo, se recomienda trabajar con arcángeles si necesita refuerzo en un campo específico (como la protección psíquica de poderosas energías negativas). Puede invocarlos en los días asociados a sus colores favoritos. Por ejemplo, el Arcángel Samuel se invoca mejor con una vela de color rosa un martes.

Para invocar a su ángel de la guarda, necesitará el día de la semana que le ha sido asignado: el día en que nació. Es la mejor forma de establecer una conexión con su guía espiritual y utilizarlo para que las cosas funcionen a su favor.

Dependiendo del asunto que esté tratando, puede invocar al ángel que mejor represente su problema (y sus soluciones) según sus cualidades y poderes. Por ejemplo, el Arcángel Samuel gobierna la elevación espiritual, la protección y la paz, mientras que, si necesita poder, fe y coraje para rechazar las energías negativas, necesitará los poderes del Arcángel Miguel.

Capítulo 7: Piedras, plantas y símbolos de protección

Como su título indica, este capítulo está dedicado a los cristales protectores, las plantas protectoras y los símbolos de protección. Enumera los cristales, plantas y símbolos de protección más comunes y potentes, con su propósito espiritual y sugerencias para utilizarlos con fines de protección. Aprenderá a crear y cargar sus símbolos de protección.

Cristales de protección

Los cristales pueden ayudarle a mantenerse conectado con su mente, cuerpo y alma[7]

Utilizar cristales es una forma maravillosa de mantenerse conectado con la mente, el cuerpo, el alma y las energías psíquicas. Se recomienda utilizar cristales verdaderos, ya que se formaron a partir de ingredientes naturales y son una forma estupenda de incorporar la naturaleza a su vida diaria. Los cristales vibran a diferentes frecuencias. Por ejemplo, las vibraciones de algunas piedras pueden ayudarle a repeler ataques psíquicos. Otras le ayudarán a expulsar la energía que no le sirve.

Aunque algunos cristales son mejores que otros para la protección psíquica, las mejores piedras son aquellas que le atraen. La energía del cristal le atraerá y conectará con su energía. Puede hacer que se detenga, aprenda a elevar sus vibraciones y le proteja. A continuación, se muestran algunos cristales con energías protectoras pronunciadas.

Turmalina negra

La turmalina negra puede ser un protector increíblemente potente para su aura. Su energía tiene efectos enraizantes y calmantes. Su energía proporciona cualidades calmantes y de anclaje. Puede detener la energía dañina que otra persona le está enviando. Los patrones de pensamiento negativos, a menudo asociados con ataques psíquicos, pueden ser desterrados por las energías curativas de esta piedra negra. Por ejemplo, las influencias desfavorables pueden hacer que experimente ansiedad severa. La turmalina negra tiene el poder de calmar su mente, alejar los pensamientos llenos de preocupación y devolverle la confianza que una vez tuvo. La turmalina negra es uno de los mejores cristales para añadir a su colección si quiere bloquear toda la energía negativa de su vida, de su entorno y de las vidas de los que le rodean.

La mejor forma de utilizar la turmalina negra como protección es durante la meditación. Mientras sostiene la piedra, sólo tiene que pensar de qué desea protegerse. También puede llevar turmalina negra si tiene pensamientos pesimistas persistentes, ansiedad o miedo a las energías nocivas, o guardarla en el bolsillo. Crea una burbuja de energía protectora a su alrededor.

Obsidiana

La segunda gema negra de esta lista, la obsidiana, absorbe la energía negativa como el color negro incorpora todos los demás colores. Cuando le aflige la energía negativa, este cristal puede ayudarle a superar esos momentos. Cuando experimenta vibraciones negativas que le agobian con pensamientos pesados, puede ayudarle a encontrar la claridad. Pueden salir a la luz verdades incómodas sobre sus emociones y conexiones interpersonales. Puede ayudarle a identificar cualquier cosa que otra persona esté intentando ocultarle.

Dado que absorbe toda la energía negativa a su alrededor, la obsidiana no es una piedra que se pueda llevar siempre, y hay que limpiarla a menudo. Sin embargo, puede colocarla alrededor de su casa. Colocar esta piedra junto a las entradas bloquea la energía negativa que amenaza con entrar en su espacio, deteniéndola en seco. Al absorber estas vibraciones de energía negativa y devolverlas en forma de vibraciones positivas, la obsidiana protegerá su hogar y a todos los que estén dentro, de esa energía negativa.

Amatista

La amatista puede ayudar con el blindaje psíquico, aunque se la reconoce sobre todo por aliviar los dolores de estómago y otras dolencias relacionadas con el estrés. Esta piedra púrpura promueve una energía tranquila y calmante y protege contra los sentimientos dominantes que causan ansiedad y desesperación. La amatista proporciona protección emocional y espiritual al estabilizar la salud mental. Le ayuda a ser más consciente de las malas energías y de la necesidad de eliminarlas de su vida.

La amatista puede utilizarse de muchas maneras. Puede tenerla cerca de donde esté con frecuencia, llevarla como amuleto en una pulsera o collar, o guardarla en el bolsillo. Colocar la piedra bajo la almohada mientras duerme le proporcionará una protección adicional para el trabajo con los sueños y el contacto espiritual, incluso cuando su mente consciente esté dormida.

Cuarzo transparente

Debido a su capacidad innata para conectar con otras energías naturales, el cuarzo transparente puede tomar la energía de otros cristales cercanos a él. Puede utilizar el cuarzo transparente para amplificar la energía de un cristal protector que esté utilizando. Además de manifestar más protección en su vida, esta piedra puede utilizarse para la purificación. El cuarzo claro limpia la energía y potencia sus capacidades protectoras naturales al expulsar las vibraciones negativas de su mente, cuerpo y alma.

Si quiere utilizarla como piedra limpiadora, llévela como amuleto o en el bolsillo. Si quiere amplificar la potencia de otros cristales, úselos junto a ellos en rituales y hechizos. Por ejemplo, puede moverlo arriba y abajo delante de su cuerpo o sostenerlo cerca del corazón y sobre otro cristal mientras lanza un hechizo de protección. Protegerá su energía y liberará las vibraciones negativas del cuerpo.

Pirita

La pirita es un cristal dorado que protege su energía de las vibraciones negativas. Si ha estado en una tienda de cristales, probablemente haya visto esta belleza. Su color dorado manifiesta abundancia y aumenta la confianza, lo que es útil para aumentar su protección psíquica. Esta piedra le ayuda a liberarse de la negatividad y a manifestar cambios positivos en su vida haciéndole más confiado a la hora de protegerse de influencias externas.

La pirita es increíblemente poderosa y puede ser eficaz independientemente de cómo la utilice. Si quiere guardarla en su bolso o bolsillo (o ponerla en las entradas de su casa u oficina), le protegerá. Si quiere llevarla o mantenerla cerca de su cuerpo, debe limpiarla a menudo con cuarzo transparente para que pueda protegerle allá donde vaya.

Smithsonita

La smithsonita no sólo es bella, sino que también es la piedra con la energía más serena. Sus vibraciones pueden ayudar a calmar las emociones causadas por las vibraciones negativas que emanan de otras personas. Puede centrarle, ayudándole a relajarse y a concentrarse en erigir la protección necesaria contra las influencias nocivas.

El mejor uso de la smithsonita es para proteger el espacio de su casa u oficina. Colóquela en un lugar especial (como un altar u otra zona sagrada) para que le ayude a alejar las energías malsanas de su hogar. O guárdela en el cajón de la oficina, para recordar sus poderes protectores en un día estresante con compañeros tóxicos.

Jade negro

Otra piedra negra de la lista es el jade negro. Puede ayudarle a conectar con su intuición y saber a qué personas debe evitar. Su intuición sabe quién emana vibraciones negativas o en qué situaciones es más probable que se vea afectado. El jade negro le ayudará a identificar por dónde entra la negatividad en su vida y a eliminar la raíz de sus problemas energéticos.

Puede utilizar el jade negro como guardián personal (energético) y llevarlo consigo dondequiera que vaya, luciéndolo como amuleto o guardándolo en el bolsillo. Será especialmente eficaz cuando conozca a gente nueva, viaje a nuevos lugares o se aventure en nuevas experiencias.

Plantas protectoras

Al igual que las piedras naturales, las plantas están conectadas con la naturaleza y su poder universal proporciona curación y conecta a todos los seres vivos. Utilizan la energía natural para proteger de ataques físicos y limpiar la energía. Por eso, colocar plantas en determinadas zonas de su casa o espacio de trabajo tiene muchos beneficios para sus vibraciones. Observar vegetación reduce el estrés, mejora el estado de ánimo y elimina otros síntomas de influencias energéticas tóxicas. Las plantas permiten defenderse de las malas energías mejorando su salud física y mental. Las plantas emiten energía positiva y eliminan las energías tóxicas de su entorno.

Además, las plantas producen cantidades inmensas de oxígeno, que es bueno para el medio ambiente. Todos los seres vivos que se alimentan de oxígeno se llenarán de más energía positiva, incluidas las personas. Cuantas más vibraciones positivas haya en el entorno, más fuentes tendrá a las que recurrir cuando necesite un impulso adicional de buenas vibraciones para repeler las influencias tóxicas. He aquí algunas plantas para la protección espiritual:

Albahaca

Las hojas de color verde intenso de la albahaca emanan mucha energía positiva. Tienen propiedades antioxidantes, que mejoran el metabolismo de todos los seres cargados de energía positiva. Aumenta la energía positiva en su entorno y es una poderosa ayuda en la protección espiritual.

Puede utilizar la albahaca de muchas maneras para la protección psíquica. Por ejemplo, puede utilizarla para ungir velas para hechizos y rituales de protección. Ponga albahaca seca en un saquito (con otras hierbas protectoras) y colóquelo bajo su almohada. O puede tener una maceta de albahaca en el alféizar de la ventana para bloquear las energías negativas de su casa.

Aloe vera

La planta de aloe vera es una de las plantas de interior más comunes para la protección psíquica, aunque su uso es a menudo involuntario. Mucha gente conoce las propiedades curativas, calmantes y antiestrés de esta planta. Sin embargo, éstas también pueden proteger su aura.

Como el aloe vera sobrevive a cualquier clima, puede tenerlo en cualquier lugar de su casa o lugar de trabajo. Colocar la planta cerca del lugar donde pasa más tiempo le llenará de vibraciones positivas y expulsará la energía negativa. Aproveche sus propiedades curativas y limpiadoras creando lociones caseras para una mayor protección.

Salvia

La salvia es otra hierba que le ayudará a eliminar la energía tóxica de su entorno. Le permite expulsar las emociones negativas (incluida la ira y el miedo) causadas por las malas vibraciones.

Plante salvia en pequeñas macetas y colóquelas en su casa donde necesite más protección. Puede utilizar salvia seca para rituales de limpieza, como baños rituales o purgas. El primero es ideal para expulsar las influencias negativas del cuerpo, mientras que el segundo las elimina del entorno. También puede utilizar la hierba seca como ungüento en rituales y ceremonias de protección, colocarla bajo la almohada en una bolsa o llevarla encima como talismán.

Vetiver

El vetiver es otra planta de interior relacionada con la mejora de la salud mental; eleva la protección espiritual. El vetiver fomenta el flujo de energía positiva y ayuda a reducir el flujo de energía tóxica. Su aurora calmante ayuda a relajar la mente y mejora el sueño, aumentando la capacidad de protegerse de las influencias negativas. Puede colocar vetiver en cualquier lugar donde necesite mayor protección.

Lavanda

El relajante aroma de la lavanda ayuda a reducir el estrés, favorece la relajación y elimina las energías tóxicas del cuerpo. Además de aliviar los síntomas del estrés y la depresión, la lavanda también es estupenda para la protección espiritual. Sus aceites eliminan las vibraciones negativas del ambiente y fomentan el flujo de energías positivas.

La lavanda puede utilizarse en aceite, fresca o seca. Por ejemplo, utilice lavanda seca en un baño de limpieza espiritual o en una limpieza. El aceite de lavanda y las flores frescas pueden utilizarse en rituales de purificación, contribuyendo a la acumulación de energía positiva para protegerse de las vibraciones tóxicas.

Jazmín

El jazmín puede aportar energía positiva a las relaciones románticas o familiares. Coloque esta planta en cualquier lugar de su casa para rodear a todos de buenas vibraciones. Es especialmente eficaz si cree que alguien está intentando provocar una ruptura en vuestra relación con sus vibraciones negativas.

Tomillo

El tomillo es otra hierba aromática conocida por mejorar las vibraciones. Puede traerle buena suerte y confianza en sus capacidades. Al igual que la salvia, puede utilizar tomillo seco en ritos y hechizos para combatir la energía negativa. O incorporarlo a rituales de limpieza, como los baños y la purificación. El tomillo seco o fresco cerca de la cama (incluso debajo de la almohada) ayuda a mejorar el sueño y la comunicación espiritual a través del sueño, y aleja las pesadillas.

Lirio de la paz

El lirio de la paz potencia el flujo de energía positiva en su hogar u oficina, ayudándole a protegerse de las influencias negativas en su vida privada y profesional. La planta purifica el aire, reduciendo eficazmente los dolores de cabeza y otros síntomas de estrés causados por energías tóxicas. Colóquela en cualquier lugar con poca luz solar. Se cargará a sí misma y a su entorno con una energía aún más protectora.

Planta de jade

Al igual que el lirio de la paz, la planta de jade ayuda a mejorar el estado de ánimo eliminando las energías negativas del entorno. Da más confianza para defenderse y defender a los seres queridos de los ataques psíquicos. Mantenga la planta de jade en la entrada de la casa, y todos los que estén dentro estarán protegidos.

Símbolos de protección

Los símbolos se han utilizado para la protección espiritual desde la antigüedad. Todas las culturas emplean algún simbolismo durante los hechizos y rituales de protección. A continuación, se presentan algunos de los símbolos más poderosos de la protección psíquica.

Triquetra

La triquetra, conocida como nudo de la trinidad, es uno de los símbolos protectores más antiguos. Consiste en tres arcos entrelazados, con bucles anudados, que forman un triángulo. La triquetra se ha utilizado en culturas paganas y en la magia de pliegues celta, pero sus usos se han rastreado hasta regiones asiáticas. En la mitología celta, la triquetra denota los tres reinos naturales: el cielo, el mar y la tierra.

El símbolo puede representar los estados físico, mental y espiritual de su cuerpo. Por eso es ideal para la protección espiritual general. Puede llevar la triquetra como amuleto o tenerla cerca del cuerpo para protegerse durante los desplazamientos. O incorpórela a rituales y hechizos cuando necesite un refuerzo adicional para ahuyentar las influencias tóxicas.

Tortuga

Debido a su larga vida, las tortugas son amuletos de la suerte en muchas culturas. Este animal tiene una dura armadura corporal, que simboliza la fuerza espiritual y la resistencia. La tortuga significa un poder de protección contra las energías dañinas. Le recuerda que puede superar cualquier obstáculo siempre que sepa alejar las vibraciones tóxicas. Aunque su objetivo pueda parecer lejano, si va aumentando poco a poco sus energías espirituales, lo alcanzará. No importa a cuántos obstáculos se enfrente, el símbolo de la tortuga le ayudará a mantenerse motivado y decidido a alcanzar sus metas. La mejor forma de utilizar este símbolo para la protección psíquica es llevarlo como amuleto.

Yelmo del Pavor

Este símbolo de protección procede de la mitología nórdica y se asocia a la protección contra los enemigos. Las tribus vikingas se pintaban este símbolo en el cuerpo antes de la batalla para atraer la buena suerte y la protección. Además de ofrecer protección contra las energías tóxicas, el yelmo del sobrecogimiento se utiliza para disipar los miedos. Se representa como ocho tridentes centrados en una zona central, protegiéndola del mal. Es un recordatorio de que no importa lo potente que sea la energía negativa, siempre estará protegido por ella. Este símbolo ayuda a suprimir sus miedos, dándole confianza en sus elecciones y habilidades para defender su aura de las influencias negativas. Puede incorporarlo a rituales y hechizos protectores, o llevarlo como amuleto o talismán para tener una capa de protección añadida cuando se adentre en territorios desconocidos, como conocer gente y situaciones nuevas.

El mal de ojo

El mal de ojo es otro símbolo de protección muy utilizado y venerado en todo el mundo. Conocido como *nazar*, el símbolo del mal de ojo se asocia con la visión interior. Mejora el conocimiento de uno mismo y llama la atención sobre las áreas que necesitan protección. El símbolo se representa como un ojo azul y blanco.

Este símbolo puede repeler las energías negativas, sobre todo si se lleva como joya, amuleto o talismán. Protege de influencias nocivas, incluidas las que emanan de personas que le desean mala suerte y desgracias. Responde a los pensamientos celosos y a las malas vibraciones asociadas.

Incorpórelo a su decoración y mobiliario para proteger su hogar.

Libélula

La libélula es conocida por su capacidad transformadora. Es un poderoso símbolo de autorrealización y elevación espiritual. El avance espiritual conlleva una mayor capacidad para alejar las vibraciones negativas.

Las libélulas están conectadas con la energía del fuego y del agua, y su dualidad recuerda el equilibrio de los aspectos opuestos en la vida. Se asocian con nuevos comienzos y objetivos en la vida personal y profesional.

Utilizar el símbolo de la libélula como protección espiritual puede ayudarle a atraer más energía positiva a su vida, sustituyendo a la negatividad. Puede inspirarle a ver el lado positivo de cada situación (por difícil que sea) en lugar de dejarle que se consuma por las influencias negativas.

Lleve el símbolo como amuleto o talismán a diario para alegrarse la vida y tener más confianza a la hora de proteger sus energías espirituales. Le ayudará a prosperar en su viaje espiritual, añadiendo luz y felicidad a su vida.

Cómo crear y cargar símbolos

Puede crear sus propios símbolos (sellos) para protegerse. Todo lo que necesita es una hoja de papel, un lápiz y una vela (del color que represente su intención) para hacer sus sellos.

Instrucciones:

1. Escriba en el papel el motivo de su símbolo. Por ejemplo, puede escribir su necesidad de protección de un guía espiritual. Escríbalo como algo que ya ha conseguido y no como algo que desea conseguir.

2. Tache todas las vocales y consonantes que aparezcan más de una vez en su escrito. Cree una frase con las letras restantes. A continuación, cree un símbolo que incorpore la primera letra de cada palabra.

3. Active el sello escribiéndolo en otro papel mientras se concentra en su intención. Deje el sello a un lado; no piense en él hasta que lo necesite. También puede quemar el papel con el sello.

4. Puede utilizar el sello para invocar energía protectora. Por ejemplo, si está invocando el poder protector de un ángel, el sello le ayudará a ponerse en contacto con el ángel al que pertenece el símbolo y a mantener esta energía.

Después de activar el sello, debes cargar su símbolo para potenciarlo con energía protectora. Puedes hacerlo así:

- Guardándolo en algún lugar significativo.
- Tallándolo en una vela y encendiéndola.
- Dibujando un sello protector en el cuerpo.
- Trazando un sello en el aire y visualizando su disipación.
- Dibujando un sello en la comida y comiéndola.

Capítulo 8: Romper maldiciones, hechizos y ataduras

En este capítulo se enumeran varios hechizos y rituales para defenderse de maldiciones, maleficios y vínculos y relaciones no deseados. Explica las maldiciones y los maleficios, sus diferencias, por qué se producen y cómo identificar si es víctima de uno.

Maldiciones y hechizos

Las maldiciones y los hechizos son conjuros que pueden causar daño a un objetivo°

Los maleficios son simples hechizos que inducen a la negatividad, lanzados por una persona con malas intenciones. Dependiendo de cómo se lancen, los hechizos de maleficio pueden ser más formales que las maldiciones. A veces requieren un hechizo práctico, mientras que otras veces, necesitan un ritual complicado. Depende de cuánto desee la persona dañar a su objetivo. Sin embargo, incluso los maleficios más malintencionados y potentes pueden romperse.

Una maldición también es un hechizo que perjudica a su objetivo trayendo mala suerte, desgracia, enfermedad, dificultades económicas y otros obstáculos a su vida. Hay dos maldiciones principales: La maldición del caos, que provoca sucesos negativos aleatorios, y la maldición de la entropía, que se dirige a una persona o varias personas y aumenta la probabilidad de que se vean afectadas por vibraciones negativas. Las maldiciones pueden ser personales o generacionales.

El número de maldiciones y maleficios diferentes utilizados por las brujas es enorme, pero unos pocos comunes sirven para transmitir los mismos sentimientos. Por ejemplo, el mal de ojo está causado por la envidia, el odio, los celos, la malicia, la ira y el resentimiento. Aunque existen varios tipos de mal de ojo, todos tienen algo en común: nacen de un hechizo mágico lanzado por alguien que quiere hacerle daño.

Cómo saber si es víctima de una maldición o un hechizo

Las maldiciones y los hechizos son más comunes de lo que cree. Aquí tiene consejos para saber si es víctima de una maldición o un hechizo:

1. La sensación de derrota, desánimo y depresión: Siente que completar incluso la tarea más sencilla le parece desesperado y abrumador, y está constantemente decepcionado consigo mismo o tiene ganas de abandonarlo todo.
2. Le atormenta la fatiga física, enferma constantemente o, en general, siente falta de energía o motivación.
3. Le falta el deseo de desarrollarse espiritualmente: Puede tener dificultades para rezar, conectar con guías espirituales o realizar prácticas para la iluminación espiritual.
4. Pérdida de fe: Puede sentirse defraudado por sus guías espirituales; y ahora le están castigando.
5. Una visión negativa de la vida: Podría estar luchando con pensamientos ansiosos, preocupaciones o miedos o sentir que nadie se preocupa por usted.

6. Considera la posibilidad de volver a antiguas prácticas, independientemente de lo perjudiciales que fueran para su salud espiritual. Las maldiciones pueden hacer que considere retroceder en lugar de avanzar con su vida.
7. Reabrir viejas heridas emocionales: Incluso si cree que ha cerrado un capítulo doloroso de su vida, una maldición o hechizo puede reabrirlo, haciendo que se enfrente al dolor de nuevo.
8. Sentir culpa, vergüenza y condena constantemente: Puede sentir que sus pensamientos, emociones y acciones no son lo suficientemente buenos para que los demás los acepten.
9. Sentirse rechazado, solo y pensar que no pertenece a nadie: Siente que nadie entiende sus sentimientos, por lo que no puede pertenecer a ningún sitio.
10. Confusión sobre creencias e ideas: Los ataques psíquicos pueden hacerle dudar de sus creencias y cuestionar su realidad.

Quitar maldiciones o maleficios con limón y sal marina

Este sencillo ritual de eliminación de hechizos o maldiciones utiliza las propiedades de limpieza espiritual de la sal y la energía revitalizante del limón. Destierra la negatividad del interior y del entorno de su cuerpo. No lo utilice si tiene heridas o cortes abiertos.

Ingredientes:
- Un limón.
- Sal marina.

Instrucciones:
1. Corte el limón por la mitad y cubra cada mitad con sal marina.
2. Pásese los limones por el cuerpo, una mitad cada vez. Limpie su aura y canalice la energía tóxica provocada por una maldición o un maleficio hacia el limón.
3. Tire el limón cuando haya terminado. De lo contrario, la mala energía seguirá persistiendo a su alrededor.
4. Debería sentirse mejor unas horas después del ritual. Sin embargo, es mejor repetirlo durante al menos una semana. Puede hacerlo mientras sienta las energías tóxicas y otros efectos de maldiciones a su alrededor.

Baño de agua salada para romper un hechizo

Los baños mágicos son conjuros para romper maldiciones y hechizos. Es una excelente limpieza espiritual. Ayuda a romper el flujo de energía negativa dirigido hacia usted y repone su vacío con abundantes vibraciones positivas. Para obtener los mejores efectos, realice este ritual por la noche, durante la fase de luna menguante. Esta última se asocia con desterrar, retirar y eliminar las cosas negativas de la vida o el espacio de una persona. El mar (y, por extensión, la sal marina) se asocia con la luna, por lo que este ritual crea un poderoso vínculo entre un baño de destierro y la magia lunar.

Ingredientes:

- 1 taza de sal marina.
- 1 taza de sales de Epsom.
- Un vaso de agua.
- 1/4 de taza de bicarbonato sódico.

Instrucciones:

1. Introduzca agua en la bañera y añada el bicarbonato y las sales al agua. Coloque el vaso de agua en el borde de la bañera.
2. Remueva el agua en el sentido contrario a las agujas del reloj para mezclar los ingredientes.
3. Antes de meterse en la bañera, ponga las manos en posición de oración y cierre los ojos.
4. Visualice el agua llena y rodeada de un orbe de luz blanca y brillante.
5. Métase en la bañera y sumérjase durante al menos 30 minutos.
6. Aunque ayuda a eliminar la energía negativa de su interior, sumergirse en agua salada puede ser muy deshidratante. No dude en beber sorbos del vaso de agua para mantenerse hidratado.
7. Cuando haya terminado, salga de la bañera y séquese.
8. Abra la ventana y pida a la luna menguante que termine de limpiarle de maldiciones y hechizos durante la noche.

Cómo recurrir a los guías espirituales para desterrar la energía negativa

Desterrar maldiciones puede ser tan sencillo como pedir a sus guías espirituales que aumenten su protección psíquica. Tanto si prefiere trabajar con deidades, ángeles, espíritus ancestrales u otros guías, rezarles puede ayudarle a explorar la negatividad en su vida. Si fue maldecido o embrujado por la intención maliciosa de una persona o por un espíritu maligno, sus guías espirituales, ángeles guardianes, deidades y espíritus ancestrales no dudarán en ayudarle. Pueden identificar la fuente de la mala magia, eliminarla, dirigirla de vuelta al hechicero y bendecirle con positividad. Si la entidad no puede ayudarle, dirigirá su mensaje a otra más poderosa. Por ejemplo, si su ángel de la guarda no puede ayudarle eliminando su maldición o protegiéndole contra ella, le aconsejará que invoque a un arcángel para que le ayude.

Ingredientes:
- Una vela asociada a la deidad, ángel o espíritu que está invocando
- Una representación de la deidad, ángel o espíritu que está invocando
- Una oración dirigida a la deidad, ángel o espíritu que está invocando

Instrucciones:
1. Encienda la vela y adopte una postura relajada frente a su altar, santuario u otro espacio sagrado. Es útil que este espacio esté dedicado al ser que está invocando.
2. Concéntrese en su intención y recite la oración. Puede repetirla varias veces si lo desea. Medite sobre su intención cuando haya terminado de rezar.
3. Agradezca a la entidad que ha invocado su atención y la bendición que le proporcionará en el futuro.
4. Repita la oración al día siguiente. Incorporar la oración a su vida cotidiana le permite crear un vínculo sólido con las entidades a las que se dirige. Cuanto más fuerte sea la relación y más dedicado sea a ella, más le ayudará esta entidad a revocar o romper maldiciones y hechizos.

Ritual de la varita de cristal para la limpieza espiritual

Las varitas de cristal son excelentes herramientas para limpiar su cuerpo, casa u otro espacio de maldiciones y hechizos de energía negativa. También puede utilizar cristales en lugar de varitas de cristal. Los rituales también utilizan otros cristales para reponer la energía positiva. Elija la piedra que mejor se adapte a sus necesidades y sustituya la negatividad por positividad en los lugares adecuados. Por ejemplo, después de eliminar la energía de la maldición o hechizo de su espacio profesional, utilice piedras que traigan buena suerte y fortuna. Si ha eliminado a la persona que afectaba a la energía de su autoestima, necesitará cristales que le ayuden a alimentar el amor propio.

Ingredientes:

- Un cristal que absorbe o contrarresta la energía negativa.
- Un cristal para llenar el espacio o a uno mismo de positividad.

Instrucciones:

1. Colóquese junto a una ventana abierta para que la energía negativa pueda salir de usted y de su espacio lo antes posible. Aunque sólo esté limpiando su espacio, no olvide abrir las ventanas para que las malas vibraciones tengan a dónde ir. De lo contrario, sólo infectarán su espacio en lugar de irse.
2. Con un solo movimiento, pásese el cristal (o la varita de cristal) por el cuerpo. A continuación, mueva el cristal hacia la ventana, dirigiendo la energía tóxica lejos. Haga esto si desea eliminar las influencias negativas de su persona.
3. Empiece más lejos de la ventana para eliminar maldiciones, maleficios u otras vibraciones maliciosas de un espacio. Avanzando lentamente, mueva el cristal hacia la ventana varias veces. Cuando llegue a la ventana, mueva el cristal como si dirigiera la energía hacia el exterior.
4. Una vez que haya disipado las energías negativas de su persona o espacio, cierre la ventana y coja un cristal que traiga positividad. Si se ha limpiado a sí mismo, pase el cristal por su cuerpo, concentrándose en llenarse de positividad.
5. Si ha limpiado su espacio, camine con el segundo cristal, concentrándose en la misma intención.

Ritual de limpieza para eliminar maldiciones

Este ritual de limpieza con huevos le ayudará a eliminar el mal de ojo y otras maldiciones comunes de su persona. Utilice el huevo como recipiente de la energía tóxica causada por la maldición. La maldición se aleja de la persona y se canaliza hacia el huevo.

Ingredientes:

- Un huevo.
- Una vela (opcional).
- Un tarro.
- Agua.

Instrucciones:

1. Colóquese delante de su altar o espacio sagrado con el huevo en las manos.
2. Calme su mente y concéntrese en su intención. Si trabaja con deidades o guías espirituales, invóquelos para que le den poder y le ayuden a introducir la maldición en el huevo.
3. Frote el huevo sobre su cuerpo, concentrándose en las zonas donde sienta malestar o dolor, lo que podría indicar la acumulación de energías negativas.
4. Es posible que sienta escalofríos en algunas partes del cuerpo, y esto es una buena señal. Significa que el huevo está extrayendo la negatividad.
5. A continuación, diga lo siguiente tres veces:

    "Que todas las maldiciones abandonen mi cuerpo, mi mente y mi alma, ahora".
6. Cuando sienta que el huevo ha absorbido todas las energías negativas, llene el tarro con agua y rompa el huevo en él.
7. Intente leer el huevo para ver el origen de la maldición. Preste atención a las diferentes formas, como flores, personas y otras características que pueda discernir a medida que el huevo se mezcla con el agua.
8. Cuando haya terminado de observar la mezcla de huevo y agua, tírela por el retrete.

Un muñeco mágico para ahuyentar la mala magia

Con un muñequito de tela, arcilla, madera, cera, papel u otro material, puede desviar la energía de una persona o atraerla hacia ella. Además de personas, los muñequitos pueden representar animales y objetos inanimados. A veces, los muñequitos pueden encarnar el alma de una persona que murió y dejó una maldición o maleficio detrás o fue maldecida o hechizada ella misma antes de morir. El conjuro utiliza el muñequito para representarle a usted o a sus seres queridos y redirigir las energías tóxicas.

Ingredientes:

- Un muñeco: puede comprarlo o fabricarlo. Por ejemplo, puede coser un muñeco de algodón y rellenarlo con objetos que representen a la persona que quiere proteger.
- Más objetos que le representen a usted o a otra persona que quiera proteger (fotos, baratijas o cualquier otra cosa relacionada con la energía de la persona).
- Un espejo.

Instrucciones:

1. Lleve al muñeco y a los demás objetos al espejo y póngase frente a él. Si el hechizo es para usted, mire al muñeco a los ojos y diga:

   "Al mirar a los ojos de este muñeco, me uno con él.

   Todo el mal que pueda recibir irá a parar a este muñeco,

   y me libraré de las energías tóxicas".

2. Si el hechizo es para otra persona, puede tener a la persona con usted y hacer que repita el canto anterior. O, si está trabajando a distancia, diga:

   "Este muñeco es ahora (el nombre de la persona).

   Que esté protegida del mal,

   mientras su doble absorbe cualquier energía tóxica".

3. Deje el muñeco en un lugar seguro y deje que absorba las energías negativas (maleficios y malas intenciones) enviadas hacia usted o hacia la persona que quiere proteger.
4. Si usted o la otra persona habéis experimentado signos de estar malditos o embrujados, estos signos desaparecerán pronto.

Un ritual con velas para alejar las fuerzas malignas de su entorno

Este ritual de magia con velas mezcla el poder de una vela negra y otra blanca. La primera se asocia con el mal, la muerte y la oscuridad. Denota la ausencia de luz y suele utilizarse para representar la noche, el luto y el duelo. La vela blanca encarna la pureza, la espiritualidad, la inocencia, la luz, la bondad, la verdad, la armonía, la paz, el amor, la unidad y el equilibrio. El blanco está relacionado con las estrellas, la luna, los ángeles y el alma. Combinando estos colores, puede absorber las fuerzas negativas de su espacio y sustituirlas por vibraciones positivas.

Ingredientes:
- Una vela blanca pequeña.
- Una vela negra pequeña.

Instrucciones:
1. Coloque la vela blanca y una negra frente a usted en su altar u otro espacio sagrado. Enciéndalas.
2. Calme su mente y rece una oración de gratitud por la positividad que hay en su vida para reforzar su intención de ahuyentar la negatividad.
3. Concéntrese en lo que desea eliminar de su espacio (su casa o su lugar de trabajo) y en aquello con lo que quiere llenar ese espacio.
4. Deje que las velas se consuman por completo. Evite soplarlas porque podría causar que su hechizo se interrumpa. Es mejor realizar este hechizo al final de la tarde, cuando tiene mucho tiempo para supervisar las velas antes de irse a la cama.

Hechizo de congelación de archivos adjuntos no deseados

Congelar o agriar se utiliza para expulsar a alguien de su vida. Puede usarlo con personas que le causan bloqueos energéticos o contaminan su energía con vibraciones tóxicas. Podría tratarse de sus enemigos, de personas que difunden chismes mientras fingen preocuparse por usted, o de cualquiera que sienta envidia de sus éxitos. No lo utilice con personas con las que quiera reconciliarse más tarde y no lance el hechizo con ira. Tradicionalmente se usaba sal o vinagre para el hechizo. La sal puede ayudar a amargar las palabras hirientes de una persona en su boca, cortando su conexión con ella. El vinagre amargará a la persona, por lo que dejará de unir sus vibraciones negativas a las suyas.

Ingredientes:
- Recipiente hermético (bolsa de congelación, tarro, etc.).
- Agua cargada (agua con sal o vinagre) (alternativamente, utilice agua del grifo). Sin embargo, hará que el hechizo sea menos efectivo.
- Tótem (para representar a la persona o situación en la que se encuentra esta persona) a congelar. Puede ser una fotografía de ellos, sus pertenencias, o su nombre en un pedazo de papel.
- Frutas y verduras.
- Detalles de las situaciones escritos en un papel (por si se está desprendiendo de situaciones insanas).
- Cera negra de vela para sellar (opcional).
- Pimienta negra o copos de chile (opcional, para hacer que las mentiras o chismes de la persona le ardan en la boca).

Instrucciones:
1. Prepare el tótem y los detalles escritos de la situación (si utiliza alguno) en su altar, santuario u otro espacio sagrado.
2. Encienda la vela negra. Coloque el tótem (y el papel con los detalles) en el recipiente vacío.
3. Ponga la fruta y la verdura en el recipiente. Si usa chile o pimienta en escamas, añádalos.
4. Llene el recipiente con agua salada o vinagre. Cierre el recipiente.
5. Selle el recipiente goteando cera de vela negra sobre la abertura o la tapa. Mientras lo hace, medite sobre su intención. Imagine que su conexión con esa persona se rompe y que desaparece de su vida. Medite sobre la sensación de satisfacción que le produce esta imagen.
6. También puede envolver el recipiente en papel de aluminio. Asegúrese de que el lado brillante del papel mira hacia dentro para que la energía negativa de la persona rebote hacia ella. Puede combinar ambas técnicas sellando el recipiente con cera y envolviéndolo después en papel de aluminio para aumentar la potencia del hechizo.

7. Meta el recipiente en el congelador. Déjelo allí el tiempo necesario para que el hechizo surta efecto.
8. Una vez completado el hechizo, saque el recipiente del congelador, tire su contenido a la basura o déjelo en un contenedor cerca de un cruce de caminos. Estas opciones son las más seguras cuando la persona ha sido congelada con éxito fuera de su vida.
9. Otra opción es dejar el recipiente en el congelador y olvidarse de él. Indica que no puede molestarse en tirarlo porque la persona no merece que piense en ella.
10. Si el hechizo no ha funcionado o la persona ha reaparecido en su vida, no tire el hechizo. Debe recargarlo en su lugar. Saque el recipiente del congelador, descongélelo durante unos días y devuélvalo al congelador después de meditar sobre su intención.
11. Si se trata de un apego especialmente fuerte, repita el proceso anterior cada pocos días para intensificar el poder del hechizo. Continúe hasta que la persona deje definitivamente de ponerse en contacto con usted, de cotillear o de hacer cualquier cosa en su contra.

Los hechizos y maldiciones pueden romperse, independientemente de la fuerza de la intención. Utilice el poder de sus entidades para liberarse de un hechizo.

Capítulo 9: Cómo protegerse y proteger a sus seres queridos

Ojalá pudiera estar siempre rodeado de positividad sin que se filtraran en su vida influencias o energías nocivas. Sin embargo, esto no es realista. No hay escapatoria de la negatividad. Los ataques psíquicos pueden ocurrir en cualquier momento y en cualquier lugar, ya sea por accidente o a propósito. En otras palabras, no puede controlar dónde o cómo recibe estos ataques, pero puede protegerte tanto usted como a su familia de ellos.

Este capítulo proporciona múltiples rituales de protección, consejos y técnicas para mantenerse usted y sus seres queridos a salvo.

Recuerde, realice rituales de preparación y limpieza antes de practicar cualquier técnica.

Los rituales pueden utilizarse para protegerse a uno mismo y a los seres queridos de cualquier daño'

Ceremonia de limpieza

Una ceremonia de limpieza es una técnica eficaz contra los ataques psíquicos. Consiste en quemar salvia, cuyo humo libera la energía oscura de su cuerpo y le protege de futuras influencias negativas.

Ingredientes:

- Barrita de salvia.
- Lavanda o sándalo.

Instrucciones:

1. Ponga la salvia y la lavanda en el mismo manojo.
2. Encienda las hierbas con una cerilla, apague el fuego y colóquelas en un cuenco grande.
3. Establezca la intención de protegerse de las influencias oscuras y los ataques psíquicos. Puede rezar una oración: *"Me protejo de las fuerzas oscuras que tienen poder sobre mí"*.
4. Siéntese en el suelo y mire hacia arriba para pedir al universo que le dé fuerza y sabiduría contra estas fuerzas oscuras.
5. Mire al suelo y sienta su conexión con la Madre Tierra. Dele las gracias por las bendiciones que le concede y por permitirle eliminar estos ataques.
6. Límpiese con la salvia y deje que el humo se lleve la negatividad.
7. Cierre los ojos y visualice un círculo protector que le rodea y le mantiene a salvo.

Puede realizar este ritual en su oficina para protegerse de los ataques psíquicos en el lugar de trabajo.

Escribir en un diario

No todos los sueños son mensajes del subconsciente. Puede experimentar ataques psíquicos mientras duerme en forma de pesadillas o terrores nocturnos. Las personas siempre son vulnerables en el mundo de los sueños, ya que no tienen control sobre sus acciones o su entorno.

Muchas personas no prestan atención a sus sueños, mientras que otras no los recuerdan, por lo que es posible que no sea consciente de que está experimentando estos ataques mientras duerme. Puede que se despierte agotado o estresado, pero no sepa por qué, o que recuerde su pesadilla, pero no piense mucho en ella.

Hacer un seguimiento de sus sueños puede protegerle de ataques psíquicos mientras duerme. Lleve un diario junto a su cama y anote todos sus sueños y pesadillas al despertarse, antes de que se le olviden. Escriba qué sintió en esos sueños, como miedo, tristeza o ira, y si esas emociones permanecen después de despertarse.

Si le cuesta recordar sus sueños, cada noche, antes de irse a dormir, rece al universo para que le ayude a recordarlos. Busque la protección de sus ángeles de la guarda o antepasados para que le mantengan a salvo en el mundo de los sueños cuando esté solo y desamparado. Pídales que le bendigan con sueños felices y luminosos, que le llenen de amor y consuelo. Puede escuchar ritmos biaurales mientras se duerme, escuchando dos tonos con frecuencias diferentes en cada oído. Este método lleva al cerebro a crear la ilusión de un tercer tono que mejora su memoria y atención y le hace relajarse.

Antes de dormir, repita este mantra:

"Queridos guías espirituales, por favor proporcionadme guía y protección en el mundo de los sueños".

Cortar el cordón y la cuerda de tierra

Puede realizar regularmente estas técnicas eficaces y sencillas. Practique el cordón terrestre por la mañana y el corte de cordón por la noche.

Ingredientes:
- Un recipiente con agua salada.

Instrucciones:

1. Antes de dormir, siéntese en su cama, cierre los ojos y visualice un cordón que sale de su vientre y le conecta con alguien o algo (puede ser la persona que ataca su energía o un objeto que cree que está causando ataques psíquicos).

2. Imagine que sus dedos son unas tijeras y corte el cordón que le une a la fuente de energía negativa que está afectando a su vida. Si hay más de una persona u objeto detrás de estos ataques, imagine múltiples cordones saliendo de cada uno de sus siete chakras conectándole a ellos, y corte cada uno individualmente.

3. Repita esta afirmación mientras corta las cuerdas:

   "Libero los apegos energéticos para protegerme de la negatividad y los ataques psíquicos".

4. Después de cortar los cordones, visualice que los coloca en el cuenco de agua salada.

Instrucciones para el cordón de tierra:

1. Por la mañana, después de despertarse, siéntese cómodamente en el suelo y cierre los ojos.
2. Visualice uno o varios cordones que salen de su vientre y le conectan con la Tierra. Los cordones son nutritivos, flexibles y fuertes. Es uno con la Tierra, que le sostiene y le protege. Nada ni nadie es lo bastante fuerte como para cortar estas cuerdas o separarle de la Madre Tierra.

Fortalecer su aura

Instrucciones:

1. Sitúese en un lugar tranquilo y sin distracciones, cierre los ojos e inspire y espire profundamente.
2. Imagine que los colores de cada uno de sus siete chakras le rodean como ruedas.
3. Imagine que las ruedas se expanden con cada respiración hasta que se fusionan, creando un gran círculo de colores a su alrededor y protegiéndole de las energías externas.
4. Usted tiene el control de su campo áurico y nada puede entrar o salir sin su permiso.
5. Repita este mantra durante la visualización: *"Sólo permito que entren vibraciones positivas e impido que la negatividad se acerque a mí".*

Deje que la luz le rodee

Instrucciones:

1. Siéntese cómodamente y visualice su corazón y el espacio que lo rodea como una llama blanca.
2. Respire profundamente e imagine que la llama crece con cada respiración hasta que se convierte en un gran círculo que le rodea y le protege.
3. La luz blanca sale de usted y forma parte de su ser. Se está protegiendo y esto le hace poderoso.
4. Repita este mantra: *"Estoy guiado y protegido. Soy la luz y nada puede tocarme".*

Técnica de meditación n.º 1

Instrucciones:
1. Siéntese en una habitación tranquila y sin distracciones.
2. Póngase cómodo y relaje el cuerpo y la mente.
3. Cierre los ojos y respire hondo varias veces hasta que su mente esté despejada.
4. Imagine que le rodea una burbuja de energía dorada.
5. La burbuja es transparente y actúa como un escudo contra la energía negativa.
6. Imagine que la energía negativa y oscura se acerca a usted, pero el escudo protector impide que entre.
7. Ahora, visualice que la energía positiva y amorosa se acerca y llena la burbuja dorada.
8. Repita estos pasos hasta que se sienta cómodo y crea que está protegido. La burbuja dorada está llena de energía positiva que le nutre y es lo suficientemente fuerte como para defenderse de los ataques psíquicos.

Técnica de meditación n.º 2

Instrucciones:
1. Busque un lugar tranquilo y sin distracciones.
2. Túmbese y cierre los ojos.
3. Respire profundamente y tómese unos minutos para disfrutar de la paz y la tranquilidad.
4. Despréndase de todas sus expectativas, preocupaciones, ansiedades y miedos.
5. Piense en cosas positivas y deje que le llenen de alegría, compasión y gratitud.
6. Respire hondo y suelte un largo suspiro.
7. Escanee su cuerpo para evaluar su energía.
8. Inspire positividad y espire negatividad durante un par de minutos.
9. Haga una pausa de un minuto.
10. Concéntrese en el chakra de la coronilla (la parte superior de la cabeza).

11. Visualice su energía como una luz brillante que brilla sobre su cabeza.
12. Ahora, la luz le rodea y se siente seguro.
13. Concéntrese en la luz.
14. No es la luz la que le protege; simplemente actúa como su límite, recordándole que tiene el control. No permitirá que entidades negativas entren en su espacio personal.
15. Imagine que la luz se acerca cada vez más a su cuerpo hasta convertirse en una capa extra de piel.
16. Piense en la energía que quiere abrazar, como el empoderamiento o la nutrición.
17. Haga una pausa.
18. Piense en la energía de la que quiere protegerse, como los pensamientos negativos, la culpa o la vergüenza.
19. Permítase controlar su energía, ya que ahora sabe lo que va a dejar entrar y lo que va a impedir que se le acerque.
20. Ahora es plenamente consciente de su energía y se dará cuenta si cambia o se ve atacada.
21. Su escudo forma parte de usted, así que manténgalo siempre en alto. Evite que la gente cruce la línea y ataque su energía.
22. Practique esta meditación todas las mañanas.

Visualización

Instrucciones:
1. Siéntese en una postura cómoda o túmbese en una habitación tranquila.
2. Coloque cuarzos rosas a su alrededor o sostenga uno en la mano.
3. Respire hondo varias veces y permanezca en silencio un rato.
4. Suelte la tensión y el estrés hasta que se sienta tranquilo y relajado.
5. Concéntrese en crear un escudo protector azul.
6. Establezca una intención. Diga:

    "Tengo la intención de crear un escudo protector
    de amor y luz divinos".

7. Imagine una pared de espejos que le rodea mirando hacia fuera. Así, si sufre un ataque psíquico, la energía negativa se reflejará hacia el exterior.
8. Su escudo está sellado para evitar que la energía no deseada le llegue.
9. Establezca una intención para que sólo el amor y la alegría le atraviesen, y sólo enviará vibraciones positivas al universo.
10. Está dentro del escudo. Imagine que la energía del cuarzo rosa le rodea y le abraza.
11. Sienta el escudo a su alrededor como si le diera un gran abrazo. Quédese un rato con él y repita su intención.

Manténgase alejado de las personas negativas

Si conoce a las personas que atacan su energía, evítelas en la medida de lo posible. Todos estos métodos son suficientemente poderosos para protegerle. Sin embargo, como cualquier escudo, puede debilitarse con la exposición constante a la negatividad. Si siente que su aura o energía se altera alrededor de ciertas personas, limite sus interacciones con ellas. Corte con ellas si es posible, o pase menos tiempo con ellas. Sin embargo, si se trata de alguien con quien tiene que interactuar a diario, como un familiar o su jefe, mantenga su escudo y lleve una gema o símbolo protector siempre que esté cerca de ellos. Coloque un cristal o una planta protectora en su escritorio si se trata de alguien con quien trabaja.

Cánticos

Cantar es otra poderosa defensa contra los ataques psíquicos. Cree un cántico que refleje su deseo de que el universo le proteja, escríbalo en su teléfono y léalo varias veces durante el día. Si no se le ocurre ningún cántico, utilice éste o alguno similar.

"Espíritus de los ancestros, ángeles guardianes y universo divino,

Estoy agradecido por la luz blanca limpiadora que me habéis otorgado, sanándome de toda la oscuridad y negatividad. Pido vuestra ayuda y guía para liberar todo lo que no me sirve y me hace daño. Por favor protege mi aura y espacio y solo permite que luz y energía amorosa fluya a través de mí. Te pido que me envíes energía sanadora para protegerme.

Gracias por todas tus bendiciones".

Afirmaciones
- Estoy protegido por una luz blanca.
- Sólo atraigo energía positiva, y la negatividad no tiene poder sobre mí.
- Los pensamientos y la energía positivos me rodean constantemente.
- Mi escudo protector impide que los pensamientos negativos se acerquen a mí.
- Estoy lleno de luz que me cura de la negatividad.
- Estoy rodeado de felicidad y no permito que las vibraciones negativas entren en mi espacio.
- Soy una fuerza de luz y amor; nada puede tocarme.
- Estoy conectado a la Madre Tierra; ella me protege de las energías oscuras.
- Libero la energía negativa a la Madre Tierra y sólo abrazo las vibraciones positivas.
- Soy fuerte. Los ataques psíquicos no me molestan.
- Soy un escudo andante y la energía negativa no puede alcanzarme.
- Mi cuerpo está lleno de positividad; no hay espacio para las energías oscuras.
- Mi escudo es poderoso. Nada ni nadie puede atravesarlo.
- Controlo mi campo áurico y no permito que nada ni nadie altere mi aura.
- Estoy rodeado de un poderoso campo protector.
- No permitiré que las influencias negativas de (nombre de la persona) lleguen a mí.
- (Nombre persona) no tiene poder sobre mí.
- (Nombre de la persona) no puede entrar en mi espacio.
- (Nombre persona) no puede impactar mi energía.
- No permitiré que nadie me influya.
- Estoy protegido contra las malas intenciones de los demás.

- Siempre encuentro mi poder y no dejo que nadie me lo quite.
- Libero todas las energías que no me pertenecen.
- Mi energía es mía; nadie puede alterarla ni quitármela.
- Envío vibraciones positivas al universo y recibo buenas vibraciones de vuelta.
- Recupero mi fuerza.
- Devuelvo la energía que me han quitado.
- Devuelvo las energías extrañas que no me sirven.
- La protección divina está bendiciendo mis habilidades psíquicas.
- Mi mente está a salvo de ataques psíquicos.
- Mis poderes psíquicos están creciendo y los controlo.
- Mi escudo es fuerte, los ataques psíquicos rebotan en él, y nada puede penetrarlo.
- Mi campo energético está protegido con luz divina, impidiendo que las influencias negativas me alcancen.
- Estoy protegido por una burbuja de luz; no permite que la negatividad me toque.
- Protejo mi mente de los ataques psíquicos.
- El universo es poderoso y me protege de los ataques psíquicos.
- La protección divina protege mi cuerpo, mente y espíritu de las influencias negativas.
- Mi ángel de la guarda protege mi cuerpo y mi alma.
- Mi ángel de la guarda está a mi lado, protegiéndome de los ataques psíquicos.
- La oscuridad no puede penetrar mi escudo protector.
- Mi ángel de la guarda me mantiene a salvo.
- Acepto la protección de mis guías espirituales.

Afirmaciones para proteger a sus hijos, mascotas y seres queridos

- Mis hijos son mi única prioridad y los mantendré a salvo.
- Coloco un campo de fuerza alrededor de mi familia; nada puede penetrarlo.

- Mis mascotas están rodeadas por un poderoso escudo protector.
- Mi familia, mis hijos, mis mascotas y yo somos amados y estamos a salvo.
- Rodeo a mi familia de amor y no permito que nadie les haga daño.
- Mi familia y yo somos fuertes juntos y nos protegemos mutuamente.
- Mi familia está a salvo de ataques psíquicos.
- Nadie puede herir o influenciar a mis seres queridos.
- Mis hijos y mascotas siempre están a salvo.
- Una luz blanca protectora rodea a mis hijos y los mantiene a salvo.
- Mis seres queridos están a salvo del daño de (nombre de la persona).
- Mis seres queridos están rodeados por un escudo protector.
- Un escudo de luz y amor mantiene a salvo a mis seres queridos.

Baños de sal para sus seres queridos

Proteja a sus hijos y familiares de los ataques psíquicos animándolos constantemente a tomar baños de sal.

Ingredientes:
- Sal.
- Lavanda.
- Bicarbonato sódico.

Instrucciones:
1. Limpie a fondo la bañera y despeje el cuarto de baño creando un ambiente relajante.
2. Añada algunos de sus objetos favoritos. Si este baño es para su hijo, añada su juguete favorito.
3. Puede añadir velas aromáticas, cristales protectores, plantas o difundir aceites esenciales; elija sus aromas favoritos.
4. Ponga música relajante.

5. Llene la bañera con agua tibia y añada la sal, la lavanda y el bicarbonato.
6. Anímelos a darse un baño de 20 a 30 minutos.

Proteger a alguien desde la distancia

No tiene que estar en la misma habitación que sus hijos, su mascota o su familia para protegerlos; puede protegerlos de los ataques psíquicos a distancia.

Instrucciones de visualización:

1. Siéntese en una silla cómoda, cierre los ojos y respire profundamente hasta que se sienta tranquilo y relajado.
2. Visualice a su ser querido rodeado de una luz blanca protectora.
3. Concéntrese en la imagen hasta que la vea con claridad.
4. Ahora, piense en un recuerdo feliz que haya compartido con él. Sienta la alegría que experimentasteis juntos ese día y deje que las vibraciones positivas fluyan.
5. Dedique un par de minutos a contemplar este sentimiento y su amor por ellos.
6. Imagine que estas emociones positivas tienen color, e imagine que salen de su cuerpo y entran en el escudo protector de la otra persona.
7. Repita: *"Mi ser querido está protegido por un poderoso escudo que sólo permite la entrada de energía amorosa".*

Consejos generales

- Sea consciente de su energía para saber cuándo está bajo ataques psíquicos.
- Concéntrese en ser emocionalmente estable y fuerte, para no ser vulnerable a la negatividad de otras personas.
- Nunca dude en buscar la ayuda de su ángel de la guarda o guía espiritual para que le proteja contra los ataques psíquicos.
- Siempre que piense en el atacante, visualice que lo baña con luz blanca pura mientras mantiene su escudo protector a su alrededor. Por muy tentador que sea, nunca le envíe los mismos pensamientos o energías que ellos le enviaron. Recuerde que es

más fuerte que ellos, así que enfréntese a su miedo, odio, celos e ira con compasión, amor y comprensión.

No es una exageración decir que sufre regularmente ataques psíquicos. Protéjase a sí mismo y a sus seres queridos cada día para garantizar que la oscuridad y la negatividad de otras personas no le afecten. Trate al atacante con amor y luz. No se rebaje a su nivel ni ceda a la ira o al odio. Aunque no pueda controlar sus acciones, sí controla sus propias reacciones. Sea la mejor persona y devuelva estos ataques con energía positiva, protegiéndose, y quizás pueda traer luz a su oscuro mundo.

Incorpore estas técnicas a su rutina diaria. Aunque no tenga tiempo para meditar a diario, memorice algunas afirmaciones y repítalas al despertar o de camino al trabajo. Escríbalas en notas adhesivas y déjelas en varios lugares de la casa, para que su familia pueda repetirlas. Mantenga sus pensamientos positivos y rodéese a sí mismo y a sus seres queridos de energía amorosa.

Capítulo 10: Rituales para proteger su hogar

Aunque protegerse a sí mismo y a sus seres queridos contra los ataques psíquicos es esencial, no será suficiente si su hogar no está protegido. Imagine que tiene la gripe y toma medicación, pero está constantemente expuesto a personas enfermas. ¿Se recuperará alguna vez? Lo mismo ocurre si está rodeado de negatividad; acabará contagiándose de esas vibraciones. Su entorno debe ser un santuario que le mantenga protegido de los ataques psíquicos.

Este capítulo cubre varios métodos para proteger su hogar, espacio y altar de influencias y entidades negativas.

Proteger su hogar es tan importante como protegerse a sí mismo y a sus seres queridos[10]

Ritual de protección

Este ritual funciona para cualquier espacio físico. Es una técnica poderosa para dotar a su hogar de protección permanente, por lo que sólo necesita realizar este ritual una vez en la vida. Como un sistema de seguridad, le da el control sobre qué energías pueden entrar en su casa y cuáles no aceptará.

Ingredientes y utensilios:

- 4 tarros con tapa.
- 4 metales o cristales asociados al arcángel o deidad que está invocando. Por ejemplo, si invoca al arcángel Gabriel, utilice aguamarina o citrino. Si invoca a Uriel, utilice ojo de tigre o ámbar.
- 4 cristales asociados con su antepasado o animal espiritual.
- 4 cristales de aire como fluorita, cuarzo transparente, topacio amarillo, jaspe amarillo, apatita azul, barita o tanzanita.
- 4 cristales de fuego como granate, rubí, jaspe rojo, cornalina, hematites, ámbar, piedra solar o pirita.
- 4 cristales de agua como calcedonia azul, turquesa, crisocola, lapislázuli, amatista, crisoprasa o piedra lunar.
- 4 cristales de tierra como esmeralda, jade verde, ágata musgosa, peridoto, malaquita, obsidiana negra o turmalina negra.
- 3 hierbas secas a elección como lavanda, pétalos de rosa, enebro, salvia blanca, mirra, incienso, raíz de angélica, laurel, jengibre o canela.
- Fotos de sus antepasados.
- 1 vela negra y 1 vela blanca.
- 1 vela candelita roja.
- Un manojo de hierbas purificadoras como lavanda, salvia blanca, palo santo y cedro.
- 1 tazón de agua purificada con sal marina.

Instrucciones:
1. Despeje, limpie y organice su hogar y, a continuación, purifíquelo mediante un ritual de limpieza.
2. A continuación, limpie y proteja su espíritu.
3. Elija un lugar tranquilo y sin distracciones para su ritual, preferiblemente un altar. Limpie el altar antes de empezar.
4. Coloque todos los objetos en el altar para comenzar el ritual.
5. Siéntese en una postura cómoda, cierre los ojos e invoque a su ángel de la guarda o guía espiritual.
6. Establezca su intención. Diga:
   "Limpio y protejo mi hogar de energías e influencias negativas.
   negativas. Yo protejo mi hogar para que se convierta en un refugio seguro de salud, abundancia y paz. Sólo permitiré que el amor entre en mi hogar".
7. Encienda las velas blancas y negras con la intención de desterrar las influencias negativas. Deje que se consuman.
8. Encienda el manojo de hierbas y la vela candelita. Colóquelos en un plato o cuenco apto para el calor.
9. Abra la puerta de entrada, levante el plato para que el humo flote fuera de la casa y diga: *"Bendigo y purifico esta casa con fuego y aire".* A continuación, dibuje un pentagrama en el aire con el palo de la mancha.
10. Visualice la energía negativa saliendo por la puerta como si fuera humo mientras repite: *"Bendigo este hogar con fuego y aire".*
11. Mueva las hierbas ardientes en el sentido de las agujas del reloj para purificar el perímetro de su casa. Limpie las escaleras, las paredes, los suelos y todos los rincones de la casa. Dibuje un pentagrama en el aire cerca de todas las aberturas, como la chimenea, las ventanas, las puertas y los espejos.
12. Cuando haya terminado, vuelva a la puerta principal y repita: *"Esta casa está protegida por el fuego y el aire".*
13. Lleve el cuenco de agua salada a la puerta principal y repita: *"Bendigo mi casa con tierra y agua".*
14. Sumerja el dedo índice en el agua y dibuje un pentagrama en la puerta principal y en el marco de la puerta.

15. Visualice que toda la negatividad abandona su casa y sale por la puerta principal.
16. Limpie el perímetro de su casa caminando alrededor de ella en el sentido de las agujas del reloj, repitiendo: *"Purifico esta casa con tierra y agua"*, y rociando con agua el suelo y todos los rincones de la casa.
17. Sumerja el dedo en el agua y dibuje un pentagrama en el aire sobre todas las aberturas de la casa.
18. Cuando vuelva a la puerta principal, repita esta frase: *"Esta casa está protegida por la tierra y el agua"*.
19. Vuelva a su altar y repita:

   "Limpio y protejo mi hogar de energías e influencias negativas. Yo protejo mi hogar para que se convierta en un refugio seguro de salud, abundancia y paz. Sólo permitiré que el amor entre en mi hogar".

20. A continuación, abra los frascos y ponga en cada uno un cristal de aire, uno de fuego, uno de agua, uno de tierra, una cucharadita de hierbas secas, un cristal asociado al arcángel que está invocando y una piedra asociada a su antepasado o animal espiritual.
21. Sujete cada ingrediente, sople suavemente sobre él, dele tres golpecitos y repita "despierta" para despertar sus poderes curativos. A continuación, repita *"(nombre el ingrediente) refuerza la guardia protectora alrededor de mi casa"* antes de echarlo en el tarro.
22. Invoque a un arcángel asociado al cristal antes de introducirlo en el frasco, dígale que busca sus poderes protectores y haga una ofrenda a cambio de su ayuda.
23. Escriba los nombres de sus antepasados en un papel y colóquelo cerca de uno de los tarros con sus fotos.
24. Pídales su protección y que mantengan a salvo su hogar.
25. Puede hacer una ofrenda a sus antepasados, como su bebida favorita, comida o flores, para apaciguarlos.
26. Invoque a sus antepasados del mismo modo que invocó al arcángel.
27. Después de poner todos los ingredientes en los tarros, ciérrelos bien.

28. Sujete cada jarra y repita:

    "Esta es una protección. Que proteja el lado norte de mi hogar y lo convierta en un refugio seguro de salud, abundancia y paz. Sólo permitiré que el amor entre en mi hogar".

29. Repita el paso anterior con cada frasco y diga la misma intención mencionando una dirección diferente cada vez (este, oeste y sur).

30. Golpee cada tarro con el dedo índice en el sentido de las agujas del reloj y repita: *"Seguridad, salud, abundancia y paz".*

31. Visualice un cono de energía encima de cada tarro, alimentándolo y nutriéndolo para proteger su hogar.

32. Coloque un tarro en la esquina norte de la casa y los otros tres en el este, oeste y sur mientras visualiza hilos saliendo de cada tarro, haciendo un gran círculo que abarque toda la casa. (Puede colocar los tarros detrás de los muebles o enterrarlos en el exterior).

33. Regrese al altar, exprese su gratitud y libere todas las energías y seres que convocó.

Hierbas y sal

Ingredientes:
- 1 taza de sal marina.
- ¼ taza de romero, frambuesa, canela, laurel, pimienta y clavo.

Instrucciones:
1. Mezcle los ingredientes en un cuenco pequeño.
2. Coloque el cuenco en su altar o en la puerta de la habitación que quiera proteger.

Ritual de la sal

Ingredientes y utensilios:
- Sal rosa del Himalaya.
- Hojas de laurel secas.
- Romero seco.
- Eneldo seco.
- Caldero o cuenco ignífugo.
- Bolígrafo y papel.

Instrucciones:
1. Escriba la palabra "Proteger" en un trozo de papel y colóquelo en el cuenco o caldero ignífugo.
2. Cubra el trozo de papel con la sal y las hierbas secas.
3. Coloque la mano sobre el cuenco y visualice que la energía negativa abandona su casa y que un gran círculo blanco la envuelve, protegiéndola de los ataques psíquicos.
4. A continuación, queme el papel, la sal y las hierbas.
5. Una vez quemadas, espere a que se enfríen y tritúrelas en trozos más pequeños.
6. Métalos en un tarro de cristal y colóquelo en cualquier lugar de su casa.

Este ritual mantendrá su casa segura durante todo un año, así que puede practicarlo una vez al año para proteger su hogar de influencias negativas.

Practicar yoga

El yoga siempre ha sido un arma eficaz contra la negatividad, ya que reduce la depresión, el estrés y la ansiedad. Tiene el mismo efecto en los espacios físicos. Practique yoga en diferentes espacios de la casa, como cerca de su altar o en una habitación que quiera proteger con la intención de escudarla de la energía negativa.

Ritual de protección de luna llena

La luna llena simboliza el crecimiento y la protección. Los rituales de protección durante esta época son extremadamente poderosos, ya que la energía lunar es un arma poderosa contra la negatividad.

Instrucciones:
1. Durante la luna llena, busque un lugar tranquilo en el patio, el jardín o una habitación interior con una ventana abierta para poder ver la luna.
2. Limpie el espacio con el ritual de la salvia blanca.
3. A continuación, siéntese cómodamente, cierre los ojos y respire hondo varias veces.
4. Establezca la intención de proteger su hogar contra las entidades oscuras.

5. Medite brevemente y sienta cómo la energía de la luna le inunda a usted y a su hogar.
6. Aclare sus pensamientos y sienta cómo se relajan su cuerpo y su mente.
7. Abra los ojos y escriba en un papel contra qué quiere proteger su hogar. Repítalo en voz alta.
8. Sostenga un cristal de cuarzo transparente en la mano y cierre los ojos.
9. Visualice que la negatividad sale por la puerta principal y que la luna proyecta una enorme burbuja protectora alrededor de su hogar.
10. Permanezca con esta imagen durante unos minutos. Termine la sesión expresando su gratitud.

Ritual de hierbas

Ingredientes:
- Hierbas secas como pimienta, tronos de arándano, raíz de bardana, hojas de laurel, hojas de albahaca, clavo y canela.

Instrucciones:
1. Añada todas o algunas de las hierbas en una bolsita blanca.
2. Establezca una intención con cada hierba: *"Esta hierba bendecirá mi hogar y lo protegerá de ataques psíquicos".*
3. Ate la bolsita con un hilo negro o rojo y repita su intención.
4. Cuelgue la bolsita en la puerta de su casa.

Ritual de las velas

Puede utilizar velas de tarro, velas candelita o velas normales. Sin embargo, las velas de tarro son la mejor opción.

Utensilios:
- 1 tarro de vela.
- Hierbas secas como lavanda, albahaca, laurel, canela, romero y salvia.
- Marcador.

Instrucciones:
1. Limpie la vela con un ritual de purificación.
2. Escriba la palabra "Proteger" en el tarro de la vela.
3. Encienda la vela y déjela unos minutos.
4. A continuación, esparza las hierbas sobre la vela mientras establece una intención del tipo: "*Tengo la intención de que estas hierbas protejan mi hogar de influencias negativas*".
5. Deje que la vela arda durante una hora y apáguela.
6. Enciéndala todos los días o cada pocos días para mantener su hogar a salvo.

Ritual de símbolos

Instrucciones:
1. Dibuje un símbolo protector como el ojo de Horus, la mano de Hamsa, el muérdago, el pentáculo u otro símbolo en el tarro de una vela.
2. Encienda la vela y siéntese frente a ella, mirando fijamente la llama.
3. Visualice un círculo protector que sale de la llama rodeando su casa y protegiéndola de ataques psíquicos.

Ritual de runas

Las runas son el alfabeto de la mitología nórdica. Se compone de veinticuatro letras y todas tienen poderes divinos.

Utensilios:
- Piedra plana.
- Ilustraciones de runas protectoras como Algiz, Tiwaz, Ehwaz, Eihwaz, Ingwaz y Thurisaz.

Instrucciones:
1. Siéntese en una habitación tranquila y tómese unos minutos para aclarar sus ideas.
2. Esculpa las runas en la piedra plana mientras permanece concentrado y presente en el momento.
3. Establezca una intención para que estas runas cumplan su propósito y protejan su hogar.

4. Cuando termine de tallarlas, pase las manos por encima de las runas mientras piensa en proteger su hogar.
5. Elija la runa que considere lo suficientemente poderosa como para proteger su hogar y defenderlo de ataques psíquicos. Siga su instinto, ya que la runa correcta le llamará.
6. Una vez que la encuentre, estudie su forma.
7. Siéntese cómodamente, cierre los ojos y respire hondo varias veces.
8. Visualice la runa proyectando una luz blanca protectora alrededor de su casa.
9. Siéntese con esta imagen durante un rato.
10. También puede tallar la runa en monedas y colgarlas en la puerta de entrada o en cualquier otro lugar de la casa.

Meditación Trataka

Trataka es una antigua técnica de meditación que suele practicarse durante una sesión de yoga. Consiste en mirar intensamente, concentrarse y estar presente en el momento.

Instrucciones:
1. Coloque una vela en el suelo y enciéndala.
2. Siéntese cómodamente frente a la vela.
3. Mírela durante tres minutos sin parpadear; puede programar un temporizador de antemano.
4. Espere que sus ojos lloren.
5. Después de tres minutos, cierre los ojos y aparecerá la imagen de la llama de la vela.
6. Siéntese con esta imagen durante un rato hasta que desaparezca.
7. Abra los ojos y mire fijamente el vacío que hay entre dos objetos cualesquiera de la habitación.
8. Este vacío representa la negatividad dentro de su casa.
9. Cierre los ojos y visualice este vacío encogiéndose y desapareciendo para siempre.

Ritual de los cristales

Utensilios:
- Cuatro turmalinas negras (o cualquier cristal negro).

Instrucciones:
1. Para que este ritual funcione, practique primero la meditación de conexión a tierra.
2. Siéntese en una postura cómoda y cierre los ojos.
3. Inhale y exhale profundamente, concentrándose en su respiración y en el movimiento de su pecho.
4. Visualice una luz blanca procedente de arriba que entra en su cuerpo a través del chakra de tierra.
5. Imagine que la luz desciende por su columna vertebral, sale por sus pies y desaparece en la Tierra.
6. Sienta cómo la negatividad de su cuerpo desciende por la columna vertebral, sale por los pies y desaparece en la Tierra.
7. A continuación, visualice la luz blanca y pura de la Tierra entrando en su cuerpo a través de los pies.
8. Sienta cómo le envuelve la protección de la Tierra y repita: *"Conecto con la Madre Tierra y ella me cubre con su protección"*.
9. Termine esta sesión expresando su gratitud a la Madre Tierra y abra los ojos.
10. Ahora está preparado para practicar el ritual de los cristales.
11. Sujete los cuatro cristales negros y levántelos hacia la zona del entrecejo (el chakra del tercer ojo).
12. Establezca su intención si quiere proteger su casa, una habitación específica o su altar. Diga: *"Programo este cristal para proteger mi espacio de la energía negativa"*.
13. Coloque cada uno de los cristales en un rincón diferente de la casa. Asegúrese de colocar uno en la puerta principal para proteger su hogar de las influencias negativas.

Cebolla trenzada

Ingredientes:
- Cebollas con la parte superior verde.
- 4 pies de cordel.

Instrucciones:
1. Doble el cordel por la mitad y haga un nudo en su extremo para crear un lazo.
2. Coloque el cordel sobre una superficie plana y ponga una cebolla boca abajo. Las puntas verdes deben formar una tercera cuerda junto a los dos extremos libres del cordel.
3. Haga una trenza apretada con los tres hilos.
4. A continuación, trence el resto de las cebollas con el cordel, concentrándose en su intención. Diga: *"Estoy haciendo este amuleto para proteger mi hogar y mantener a raya la energía negativa"*.
5. Cuélguelos en la puerta de su casa o en la pared de la habitación que quiera proteger.

Ritual del encantamiento

Ingredientes:
- Romero o milenrama.
- 1 cristal protector, como malaquita, turmalina negra o cuarzo ahumado.
- 1 símbolo protector, como las lanzas cruzadas o la mano Hamsa.
- Una bolsa pequeña, preferiblemente negra.

Instrucciones:
1. Practique la meditación de conexión a tierra antes de realizar este ritual.
2. A continuación, coloque cada objeto en la bolsa mientras visualiza una luz blanca protectora que emana de ellos, creando una burbuja protectora alrededor de su hogar. La burbuja sólo permite la entrada de energías positivas y amorosas y mantiene a raya la oscuridad y la negatividad.

3. Cuando haya metido todos los objetos en la bolsa, coloque la mano sobre ella. Repita el mantra de protección de Kundalini:

   Aad Guray Nameh, *"Invoco a la sabiduría primordial, me inclino ante la verdad que ha existido durante siglos, convoco a la verdadera sabiduría, me inclino ante la sabiduría Divina".*
4. Siga repitiendo el mantra hasta que sienta que la energía cambia.
5. Coloque la bolsa en la habitación que quiera proteger.

Rezar a los Cuatro Elementos

Instrucciones:
1. Siéntese en una postura cómoda y respire hondo varias veces.
2. Una vez que se sienta centrado y tranquilo, repita este canto tres veces:

   "Elementos del día y elementos del sol, os suplico que vengáis a mi encuentro. Invoco a los poderes del día y de la noche, y os ruego que protejáis mi hogar".
3. Cierre los ojos y visualice una bola dorada de energía que rodea su casa y se hace más grande y fuerte cada vez que canta.

Afirmaciones
- Mi hogar está protegido y vigilado.
- Mi hogar me mantiene a salvo y seguro.
- Ninguna energía no deseada puede entrar en mi hogar.
- Sólo el amor y la luz pueden entrar en mi hogar.
- El universo coloca un escudo alrededor de mi hogar.
- Las vibraciones positivas rodean mi espacio.
- Mi hogar me protege.
- El universo impide que la negatividad entre en mi casa.
- Libero toda la energía no deseada de mi hogar.
- La positividad y el amor emanan de mi hogar.
- Evito que la energía negativa entre en mi espacio.
- El universo está haciendo de mi hogar un refugio seguro.
- No se permite la negatividad en mi hogar.

- Un fuerte campo protector envuelve mi hogar; nada puede entrar.
- Todas las influencias negativas son liberadas de mi hogar.
- En mi espacio no hay lugar para el miedo y la ansiedad.
- Sólo las vibraciones positivas son bienvenidas en mi casa.
- Mi espacio emite positividad y paz.
- Mi espacio está protegido de las malas vibraciones.
- Mi hogar protege mi energía.
- Mis seres queridos están seguros en mi hogar.
- Estoy agradecido por la energía positiva que protege mi espacio.
- La protección divina mantiene mi hogar seguro.
- Mi hogar es un imán que sólo atrae amor y positividad.
- Estoy protegido de las influencias negativas.
- Agradezco la protección divina.
- Elijo sentirme seguro en mi espacio.
- La mala energía no puede penetrar el escudo de mi hogar.
- Estoy seguro en mi entorno.
- Nada malo puede suceder. Mi espacio me mantiene a salvo.
- Doy la bienvenida a la protección del universo.
- Mi hogar vibra con energía positiva.
- No tengo miedo. Me siento seguro en mi entorno.
- Limpio mi espacio de influencias negativas.
- Mi hogar es mi límite; me mantiene a salvo.
- Libero la negatividad de mi casa para liberar espacio para el amor y la abundancia.
- Nada puede entrar en mi casa sin mi permiso.
- Mi casa sólo acoge energía positiva.
- La energía protectora guarda mi espacio.
- La positividad y la sabiduría rodean mi espacio.
- Mi casa está libre de energías negativas.
- Mi ángel de la guarda vigila mi espacio.

Las influencias negativas pueden introducirse fácilmente en su hogar. Practique cualquiera de estos rituales siempre que sienta un cambio de energía o que las malas vibraciones se están apoderando de su espacio. Proteja siempre su hogar colocando símbolos protectores, cristales, hierbas o una trenza de cebolla alrededor de su casa.

Conclusión

Ha llegado al final de este libro y está significativamente más informado sobre su energía psíquica y la de los que le rodean, en particular sobre las energías y ataques negativos. Incluso cuando está seguro de estar en un espacio y energía positivos, la negatividad puede atacarle, *pero ahora sabe cómo lidiar con ella.*

Los ataques psíquicos pueden afectar significativamente a su estado de ánimo y a su salud mental y física. Pueden bajar la vibración de su hogar y propagar la negatividad a todos los aspectos de su vida. Evitar la energía negativa no es realista, ya que las personas y los objetos transportan malas vibraciones que le influyen a diario. Sin embargo, la práctica de ciertos rituales de limpieza y el trabajo espiritual pueden protegerle de la negatividad y las bajas vibraciones.

El libro empezaba explicando el concepto de ataques psíquicos y energía negativa. Proporcionaba ejercicios para que pudiera entender mejor cómo funciona la energía, y luego se hablaba de la protección psíquica y sus muchos beneficios.

No puede protegerse contra los ataques psíquicos sin antes elevar su vibración y agudizar sus habilidades psíquicas. El segundo capítulo le proporcionó múltiples instrucciones y consejos, incluyendo ejercicios de respiración, meditación y técnicas de visualización para preparar su psique para la protección. Su alma y su karma también requieren una limpieza para limpiar las energías e influencias del pasado, de modo que esté preparado para recibir energía positiva. El libro incluye técnicas eficaces para purificar el alma y analiza el concepto de karma, cómo lo alteran las influencias externas y qué se puede hacer para protegerse.

La energía negativa puede afectar al hogar, las mascotas y la familia. El libro explica cómo identificar la energía negativa en el hogar y proporciona múltiples rituales de limpieza que se pueden llevar a cabo para limpiar el espacio y a los seres queridos.

La palabra "aura" se menciona a menudo durante los debates sobre la psique y el trabajo espiritual. El libro explica con detalle este concepto y su conexión con el alma. La energía negativa es lo suficientemente poderosa como para dañar el aura. En el libro se habla de identificar cuándo está dañada y de varias técnicas de curación. Explica la importancia de un aura fuerte contra los ataques psíquicos.

Todas las personas tienen un ángel de la guarda que les ayuda, protege y guía. El libro explica el papel de estos ángeles en su vida y cómo puede invocarlos para defenderse a sí mismo o a un ser querido contra los ataques psíquicos.

Después de proporcionar toda la información para prepararse para la protección, la segunda parte del libro se centra en la autodefensa contra los ataques psíquicos, presentando símbolos, plantas, cristales y sus propósitos protectores. A continuación, se centra en las maldiciones, los maleficios y los apegos no deseados, definiendo cada concepto y cómo reconocer si es una víctima. Contiene múltiples rituales y métodos para romper estos hechizos.

Está constantemente expuesto a ataques psíquicos dondequiera que vaya, pero si puede protegerse contra estas influencias, puede mantenerte usted y sus seres queridos a salvo. La última parte del libro se centraba en técnicas de protección para su familia y sus mascotas. Proporciona rituales de protección para proteger su hogar, su espacio y su altar.

Déjese guiar por este libro y utilice todos los rituales, consejos y técnicas mencionados para protegerse a sí mismo y a todo lo que aprecia de los ataques psíquicos.

Segunda Parte: Kundalini yoga

Secretos para desbloquear la energía, limpiar los chakras y despertar su Shakti interior con kriya

Introducción

¿Alguna vez ha sentido el impulso de sumergirse profundamente en el misticismo de su ser? Kundalini yoga es una forma de hacerlo. Es una antigua práctica espiritual que despertará la energía dormida dentro de su cuerpo.

Kundalini yoga es un método eficaz para conectar con los tres elementos que nos hacen humanos: nuestra salud física, mental y espiritual. A través de diversas herramientas de meditación, respiración, mudras, mantras y asanas (posturas de yoga), la práctica se centra en liberar nuestro potencial para abrir la energía de los siete chakras del cuerpo. Aumentar la conciencia de estos canales nos muestra cómo explorar la conexión entre el cuerpo y la mente en nuestra vida cotidiana.

El autocuidado es vital para un estado saludable de mente, cuerpo y espíritu. Un elemento crítico en el cuidado de nosotros mismos es aprender a equilibrar los chakras, los centros de energía de nuestro ser. Cuando dedicamos tiempo a cuidar cada uno de ellos mediante prácticas como el yoga, la meditación o la visualización, descubrimos nuevas reservas de amor propio. Llegamos a comprender que, si nos centramos en la paz interior, podemos aprender a dar prioridad a nuestra salud holística, a ser amables con nosotros mismos y a establecer conexiones más sanas con el mundo exterior.

El viaje de nuestro espíritu consiste en algo más que nuestro cuerpo físico. También está conectado con las energías etéreas que se encuentran en los siete chakras a lo largo de la columna vertebral. Podemos restablecer el equilibrio en nuestras vidas, conociendo mejor cada uno de ellos y su relación con los demás. Conocer los colores asociados, las emociones y los estados mentales relacionados con cada chakra nos ayuda a ser más conscientes de ellos para lograr una mejor alineación. Comprender cómo se relacionan nos permite recorrer un camino más suave hacia la verdadera iluminación espiritual.

Cuando se despierta la energía kundalini, se toma conciencia de nuestro poder interior. Se activa una oleada de energía que nos permite alcanzar todo nuestro potencial y experimentar un sentido más pleno de la fuerza vital. Nos volvemos más conscientes de nuestro yo físico y espiritual, mejorando nuestra sensación de claridad y calma interior. Podemos canalizar esta energía elevada hacia un estado de ser más centrado y consciente.

Independientemente de la etapa del viaje kundalini en la que se encuentre, este libro le guiará a través de este viaje místico y mágico. Le llevará a través de los pasos de comenzar su práctica de kundalini yoga. Le explicará qué esperar, cómo prepararse y le dará consejos sobre cómo mantener el flujo de energía para un viaje exitoso. A medida que avancemos en cada capítulo, tómese su tiempo y explore las profundidades de su ser espiritual. Reconozca su sabiduría interior y utilícela como guía. Este es un momento emocionante para el crecimiento personal. Que su viaje esté lleno de amor, luz y paz. ¡Namaste!

Capítulo 1: Usted y su kundalini Shakti

La antigua filosofía oriental ha enseñado durante mucho tiempo el concepto de Shakti y kundalini, una fuerza espiritual que se complementa con la práctica yóguica. Aunque estos conceptos se remontan a siglos atrás, cada vez son más populares en la superación personal moderna. A través de la meditación guiada y el ejercicio físico, los adeptos al yoga afirman a menudo dominar un sexto sentido y la capacidad de conectar con su energía interior, antes dominio exclusivo de gurús espirituales y videntes. Shakti y kundalini permiten a los que emprenden el viaje hacia la

Shakti es una forma de energía divina. Esta es la representación hindú de Shakti [11]

iluminación alcanzar niveles superiores de concentración, verdad y poder en su interior. Así pues, está claro por qué estos dos conceptos ancestrales siguen siendo populares hoy en día.

Este capítulo le introducirá en el concepto de Shakti y kundalini tal y como se encuentra en diferentes tradiciones de todo el mundo. Primero explicaremos la conexión entre Shakti y kundalini, y luego exploraremos cómo se expresan en diversas religiones, como el budismo, el hinduismo, el cristianismo e incluso el misticismo cabalístico o la psicología de Jung. A continuación, exploraremos los numerosos beneficios de la práctica de este tipo de yoga, incluido el bienestar físico, mental y espiritual. A continuación, este capítulo tratará sobre lo que ocurre cuando se despierta kundalini y ofrecerá algunos relatos de la vida real. Este capítulo también repasará cada una de las cuatro etapas del despertar de la kundalini y responderá a las preguntas más frecuentes al respecto. Al final de este capítulo, usted tendrá una comprensión completa de lo que Shakti y kundalini se trata.

Introducción a Shakti y kundalini

Shakti y kundalini son conceptos que se asocian más a menudo con el hinduismo y otros sistemas de creencias espirituales similares. Shakti es una forma de energía divina que se cree que es la fuente de toda la creación y la iluminación, mientras que kundalini es una energía dormida enroscada en la base de la columna vertebral de cada persona que debe despertarse para alcanzar los estados más elevados de logro espiritual. A través de la meditación, movimientos como el yoga, la práctica espiritual y la devoción, uno puede acceder a esta poderosa energía, que abre la puerta a liberar su potencial más profundo para trabajar hacia la iluminación. Una vez despertado, liberar este poder puede traer alegría, comprensión, conexión y experiencia directa con nuestro verdadero yo.

Shakti, originaria de la tradición hindú, es una energía divina femenina otorgada a todos los seres vivos en el momento de la creación. A menudo está simbolizada por diferentes diosas como Kali y Durga y se cree que trae el cambio al universo. Shakti irradia poder, coraje y fuerza de voluntad asociados a la maternidad y a las cualidades de crianza. Su poder cósmico se transfiere a través de intrincadas prácticas yóguicas y viajes espirituales. La estrecha conexión de Shakti con la energía kundalini se basa en su capacidad para despertar la energía interna de un individuo y transformarla en poderosa energía hacia la iluminación personal. Históricamente, Shakti se consideraba una forma de controlar la fuerza interior. Esto alimenta la búsqueda social más amplia de equilibrio entre el dominio femenino (gracia y compasión) y el masculino (fuerza física).

Las distintas tradiciones de kundalini

Aunque parten de un conjunto común de enseñanzas, han evolucionado varias ramas diferentes de las tradiciones de kundalini. Desde la tradición sij de la India y su rama con sede en Los Ángeles hasta las interpretaciones modernas, esta forma de práctica espiritual ha seguido expandiéndose y haciéndose más accesible en todo el mundo. Cada iteración faculta a los practicantes con métodos únicos para desbloquear su camino hacia la conciencia superior, lo que les permite explorar diversos aspectos de este emocionante y gratificante viaje espiritual.

A. Budismo

Fundada hace más de 2.500 años en la India, la tradición budista contiene en su seno una práctica polifacética de energetización del cuerpo y la mente. Una de estas prácticas es la de kundalini, una antigua disciplina de meditación centrada en comprender y activar la energía almacenada en la parte inferior de la columna vertebral. Al concentrarse en los flujos de energía y la visualización, los practicantes pueden alinear sus cuerpos y mentes para abrirse a percepciones espirituales más elevadas y a la curación práctica y emocional. Las prácticas kundalini son populares en la India desde hace mucho tiempo, pero últimamente han ganado popularidad en los países occidentales gracias a los avances en la ciencia del yoga y los estudios espirituales. Ofrece una forma excelente para que las personas accedan a las verdades más profundas de su ser, creando un lugar seguro para explorar el poder de su conciencia.

B. Hinduismo

El hinduismo es famoso por su gran variedad de tradiciones y rituales, incluida la kundalini. Esta práctica yóguica es un rito espiritual que trabaja para despertar la energía en el cuerpo y dotarlo de mayor conciencia y conocimiento. Se sabe que alcanzar el nivel deseado de kundalini puede conducir a un mayor conocimiento e iluminación. Dado que se cree que existe una conexión entre las energías físicas y no físicas, se dice que cuando se entrena correctamente, una persona puede experimentar una intensa realización de su alma interior. Así pues, la kundalini es una parte esencial de la tradición hindú, ya que permite abrir más dimensiones dentro de uno mismo y, en última instancia, ampliar nuestra comprensión de la espiritualidad.

C. Cristianismo

El cristianismo es una fe antigua que incorpora multitud de tradiciones, desde un código ético hasta la comunión y la sanación. Uno de los aspectos más interesantes del cristianismo es la tradición de kundalini, una fuerza energética asociada a los siete chakras, o puntos de energía espiritual situados a lo largo de la columna vertebral. Los escritores cristianos lo han interpretado como el espíritu vivo de Dios que toca a los creyentes a través de la gracia. Prácticas contemplativas como la lectio divina incorporan principios cristianos junto al kundalini en técnicas de respiración específicamente diseñadas para crear experiencias poderosas para muchos seguidores de Cristo. Así, la kundalini se entrelaza a menudo en la práctica dentro del cristianismo moderno como una forma de acceder al despertar espiritual y a la conexión con Dios.

D. Misticismo cabalístico

El misticismo cabalístico se ha practicado durante siglos y se basa en el antiguo misticismo judío. Sus enseñanzas giran en torno a la idea de utilizar conocimientos y técnicas esotéricas para conectar con la divinidad. La tradición kundalini forma parte de esta práctica que consiste en despertar las energías espirituales que se encuentran en el interior de cada ser humano para aumentar la autoconciencia y revelar potencialmente los secretos del universo. Se considera un viaje espiritual que lleva a los individuos a niveles más profundos de comprensión y conexión con algo más grande que ellos mismos, a menudo a través de prácticas meditativas como posturas de yoga o cantos de mantras. El objetivo del misticismo cabalístico y la tradición de kundalini son bastante diferentes de los asociados a otras religiones. Aun así, proporciona a los practicantes una poderosa ventana al núcleo más íntimo de su existencia, permitiéndoles experimentar la vida a un nivel más profundo.

E. Psicología junguiana

La psicología junguiana nos ofrece una forma única de comprender nuestro funcionamiento interno a través de las tradiciones de la kundalini. Esta creencia se basa en la idea de un sistema de energía dentro del cuerpo humano, compuesto por siete chakras principales o puntos de poder espiritual que trabajan juntos para lograr la plenitud. Según el pensamiento junguiano, esta energía se activa a través de una experiencia iniciática, un acontecimiento o proceso que fuerza o permite un cambio fundamental en la propia vida e identidad. Al comprometernos con esta poderosa energía, podemos empezar a explorar ideas como la transformación, la autorrealización y la reintegración con la psique inconsciente. A través de su tradición de utilizar kundalini, la psicología junguiana nos permite un enfoque más holístico para entender nuestra psique y trabajar hacia la plenitud.

Kundalini yoga

El kundalini yoga es una antigua práctica de desarrollo espiritual y autotransformación que utiliza kriyas y asanas específicas para ayudarle a acceder a su conciencia cósmica. Esta poderosa práctica implica conectar con la energía almacenada en su interior y en la conciencia universal, conocida como kundalini. A través de la respiración concentrada, la meditación, los cánticos y otros ejercicios, los practicantes de kundalini yoga pueden aprovechar esta poderosa fuerza para crear cambios físicos, mentales y espirituales.

Las kriyas son conjuntos de posturas sincronizadas con la respiración para elevar o liberar las energías vitales, trabajando sobre los sistemas nervioso y glandular del cuerpo. Las asanas son posturas diseñadas para aumentar la fuerza y la flexibilidad a la vez que calman el sistema nervioso. Descubrir esta potente forma de yoga ayudará a cualquiera que integre sus enseñanzas en su vida diaria a experimentar una mayor alineación con su verdadera naturaleza.

Los beneficios del kundalini yoga

Con su enfoque en el aprovechamiento de la energía y su canalización a través de poses, técnicas de respiración y meditación, kundalini imparte una serie de beneficios físicos, mentales y espirituales a los practicantes dedicados. Físicamente, el kundalini yoga puede mejorar la flexibilidad, reducir el estrés, estimular el metabolismo y aumentar la resistencia. A nivel mental, mejora la concentración, reduce la ansiedad y la depresión e incluso levanta el ánimo. Los que trabajan con kundalini también han informado de crecimiento espiritual, como estados superiores de conciencia, mayor creatividad y una profunda reconexión con su verdadero yo. Todas estas recompensas hacen que esta práctica tradicional merezca la pena para cualquiera que desee profundizar en su práctica del yoga o liberarse del estrés de la vida moderna.

A. Beneficios físicos

Uno de los principales beneficios del kundalini yoga es el alivio del estrés. Uno de los principales beneficios del kundalini yoga es el alivio del estrés. Es una manera maravillosa de reducir la tensión y ayudar a restaurar el equilibrio en el cuerpo y la mente. El kundalini yoga es particularmente útil debido a su enfoque en respiraciones profundas y posturas/ejercicios lentos y suaves que activan los centros de energía en todo el cuerpo. Esto mantiene la energía fluyendo suavemente, reduciendo el estrés y aumentando la flexibilidad. Con el tiempo, la práctica regular puede cambiar realmente cómo se siente al mejorar su nivel de energía en general. Con el aumento de la flexibilidad derivada de la participación física en las poses y ejercicios, mayores niveles de energía como resultado de la mejora de los hábitos de respiración, y la reducción del estrés gracias a las técnicas de respiración específicas, hay muchas recompensas que se obtienen a través de kundalini yoga para aquellos que buscan una manera eficaz de cultivar su fuerza y bienestar.

B. Beneficios mentales

Practicar kundalini yoga tiene varios beneficios mentales, tales como la promoción de la claridad de la mente, aumentar la conciencia de sí mismo, y mejorar la concentración. La claridad mental se consigue con prácticas meditativas como el kundalini yoga, que ayuda a ralentizar el parloteo interno de la mente. La práctica regular reduce los sentimientos de ansiedad y estrés, sustituyéndolos por una mentalidad más pacífica. Una mayor conciencia de sí mismo puede ayudarnos a explorar traumas pasados e identificar fácilmente hábitos disfuncionales. Los poderosos mantras curativos de kundalini pueden abrirnos a experimentar nuevos niveles dentro de nosotros mismos que no sabíamos que existían. Por último, la práctica de kundalini yoga, con su combinación de técnicas de respiración dinámica y movimiento vigoroso, puede mejorar de forma natural los niveles de concentración sin necesidad de herramientas externas como medicamentos o suplementos. En general, no es ningún secreto por qué tantas personas recurren a esta forma de yoga, ya que se le asocia una abundancia de beneficios relacionados con la salud mental.

C. Beneficios espirituales

Kundalini yoga proporciona beneficios espirituales como la conexión con lo divino, la obtención de la sabiduría, y el acceso a estados superiores de conciencia. Al practicar el kundalini yoga, se abre a lo divino. Crea una conexión interior que puede utilizar para explorar sus creencias y su espiritualidad. También ganará sabiduría espiritual mientras practica esta antigua forma de yoga, despertando a una mayor comprensión de sí mismo y de la vida. Por último, el kundalini yoga puede abrir el acceso a estados superiores de conciencia que puede que no haya sentido antes. Es perfecto para aquellos que buscan la iluminación o que buscan expandir la conciencia y descubrir mayores profundidades dentro de sí mismos.

El despertar de la kundalini: Qué ocurre cuando se despierta

El despertar de la kundalini es un proceso complejo que puede abrir la poderosa fuerza vital espiritual interior. Este proceso de despertar puede traer consigo una transformación física, emocional, mental y espiritual. Algunos de los signos asociados a este proceso son el aumento de la intuición, la mejora de las capacidades curativas y la mejora de la creatividad y la concentración. Además, el despertar de la kundalini puede abrir pasajes espirituales a niveles superiores de conciencia. Se sabe que provoca la experiencia directa de poderes psíquicos, clarividencia, una visión profunda del verdadero camino de la vida y una comprensión absoluta de las leyes cósmicas de la naturaleza. Todos estos posibles resultados hacen del despertar de kundalini un viaje que merece la pena emprender.

Testimonios reales del despertar de la kundalini

El despertar de la kundalini, también conocido como *pranotthana* o *iluminación espiritual* es un fenómeno que muchos han descrito como una experiencia que cambia la vida. Aunque muchas personas recurren a textos religiosos y tradiciones ancestrales para comprender este estado del ser, cualquiera que sienta curiosidad por él puede encontrar relatos reales del acontecimiento por todo internet. A través de entrevistas, viajes personales y anotaciones en diarios, podemos ver cómo la gente entró en contacto con esta energía espiritual y cómo cambió sus vidas. Las experiencias varían desde momentos de increíble alegría y paz hasta una fuerza casi abrumadora que resulta difícil de manejar. Para comprender este momento tan especial, nada mejor que escuchar las historias de primera mano de aquellos que han pasado por un auténtico despertar de kundalini. He aquí algunos de los relatos más inspiradores y esclarecedores de despertares de kundalini que hemos encontrado:

A. El despertar de Purna

Purna era una estudiante de yoga que había estado estudiando y practicando durante muchos años. Un día estaba meditando y sintió una repentina oleada de energía tan poderosa que no estaba segura de si se trataba de una experiencia interior o de algo externo. Pronto se dio cuenta de que se trataba del despertar de su energía kundalini. Este acontecimiento transformó a Purna en una persona más intuitiva, sensible y tranquila. Se sintió conectada a un nivel mucho más profundo con su cuerpo, su mente y su espíritu. Su salud física también mejoró, pues ya no sufría los dolores de espalda que la habían atormentado durante años.

B. La luz divina de David

David era un buscador espiritual que quería experimentar una conexión con lo divino. Un día, mientras meditaba, sintió de repente que una luz entraba en su cuerpo. Dijo que era como una fuerza de energía que lo llenaba de amor, paz y alegría. Experimentó un estado de claridad y comprensión que nunca antes había conocido. Describió la sensación como un poder inmenso, distinto a todo lo que había sentido hasta entonces.

C. La conciencia superior de Mariel

Mariel era estudiante de yoga y meditación. Ella estaba en una búsqueda para encontrar su verdadero propósito en la vida cuando experimentó un poderoso despertar de kundalini. Sintió una energía que la llenó de una profunda comprensión y conexión con el universo. Tuvo lo que ella describe como una "profunda revelación espiritual", que le permitió ver más allá del reino físico y comprender la interconexión de todas las cosas. A través de esta experiencia, Mariel adquirió un sentido más profundo de su vida y una mayor conexión con el mundo espiritual.

Estos son solo algunos de los muchos relatos reales que existen. Aunque cada historia es muy personal, todas tienen algo en común: ilustran una poderosa visión del potencial del despertar de kundalini y la transformación positiva que puede aportar. Si se siente llamado a explorar más a fondo este fenómeno, existen muchos recursos para ayudarle en su viaje. No dude en dar el salto y explorar lo que la iluminación espiritual puede aportar a su vida.

Las cuatro etapas del despertar de la kundalini

El despertar de la kundalini consiste en un viaje de cuatro etapas distintas: despertar, limpieza, absorción y la etapa final. Durante la etapa del despertar (arambha), el buscador espiritual puede elevar su nivel de frecuencia para contactar con su yo superior. En la etapa de limpieza (ghata), uno pasa por procesos como los sentimientos negativos, los patrones de pensamiento y las creencias anticuadas que pueden estar bloqueándole para conectar más profundamente con usted mismo.

Una vez hecho esto, está listo para pasar a la etapa de absorción (pacihaya), en la que puede ser plenamente consciente de su yo superior y manifestar sus verdaderos deseos. Por último, en la etapa final (nishpatti), la integración de todos los aspectos de uno mismo conduce plenamente a la iluminación completa y la iluminación. La práctica del despertar de la kundalini es una herramienta poderosa para aquellos que buscan la paz interior y la transformación.

Aunque el proceso puede suponer un reto, la recompensa es enorme. Aquellos que se embarcan en este camino se encontrarán profundamente cambiados y con un mayor sentido de conexión con su yo superior. Independientemente de la etapa en la que se encuentre en su viaje espiritual, el despertar de la kundalini puede ser una herramienta poderosa para ayudarle a alcanzar el siguiente nivel.

Preguntas frecuentes

Aunque el despertar de kundalini puede ser una experiencia profundamente espiritual y personal, muchas personas tienen preguntas sobre el proceso. Estas son algunas de las preguntas más frecuentes sobre los despertares de kundalini y las etapas de la transformación espiritual.

P: ¿Es peligroso?

R: Los despertares de la kundalini no son peligrosos en sí mismos. Sin embargo, es crucial ser consciente de la intensidad de la energía, ya que puede ser abrumadora y potencialmente afectar negativamente a la salud física, mental y emocional. Es esencial trabajar con un profesor o practicante experimentado que pueda apoyarle y guiarle a lo largo del proceso.

P: ¿Es difícil despertar la kundalini?

R: Cada despertar de kundalini es único y puede variar en dificultad. Depende del nivel de práctica espiritual del individuo, de su salud emocional y física y de su nivel de comodidad con el proceso. Es un viaje transformador y requiere paciencia, práctica y dedicación. Debería trabajar con un maestro o practicante que pueda proporcionarle orientación y apoyo.

P: ¿Cuánto dura el proceso?

R: El despertar de kundalini puede durar desde unas pocas semanas hasta varios años. Es esencial ser paciente y confiar en el proceso. Si trabaja con un maestro o practicante certificado, puede asegurarse de que su viaje sea seguro y exitoso. También es crucial prestar atención al bienestar emocional y físico para garantizar que el viaje sea saludable y beneficioso.

P: ¿Puede cualquier persona despertar su kundalini?

R: El despertar de kundalini está al alcance de todas las personas dispuestas a emprender el viaje. Sin embargo, es fundamental tener en cuenta la salud física, mental y emocional antes de iniciar el proceso. También se debe trabajar con un maestro o practicante experimentado que pueda proporcionar orientación y apoyo durante todo el proceso.

P. ¿Merece la pena intentarlo?

R: El despertar de kundalini está al alcance de todas las personas que estén dispuestas a embarcarse en el viaje. Es crucial, sin embargo, ser consciente de su salud física, mental y emocional antes de comenzar el proceso. Con paciencia y dedicación, el proceso puede ofrecer una enorme comprensión y transformación que pueden ser profundamente significativas y beneficiosas.

El despertar de kundalini es una poderosa oportunidad para la transformación espiritual, el autodescubrimiento y la conexión con lo divino. Es una práctica ancestral utilizada durante siglos para ayudar a los buscadores a obtener conocimiento interior, paz y transformación. Al comprender las etapas de la transformación espiritual, los riesgos y beneficios potenciales de los despertares de kundalini, y la importancia de trabajar con un maestro experimentado, puede asegurarse de que su viaje sea seguro y exitoso.

Capítulo 2: Conozca sus chakras

El despertar de kundalini es una antigua práctica yóguica que innumerables maestros han aprovechado a lo largo de los siglos. Esencialmente, es una forma de liberar el potencial oculto y sin explotar que hay dentro de cada uno de nosotros. El despertar de kundalini requiere primero asentar y calmar la mente para que nuestra fuerza interior pueda revelarse en su forma más pura. Una vez que conectamos con nuestra kundalini (también conocida como energía vital), nos abrimos a una mayor conciencia y a transformaciones espirituales. Esto nos permite experimentar niveles de conciencia y percepción más elevados que nunca.

Al desbloquear el poder latente disponible a través de la kundalini, conectamos con nosotros mismos a un nivel completamente nuevo. Es una práctica sagrada que ha existido desde el principio de los tiempos. Los chakras desempeñan un papel fundamental en el proceso de la kundalini, ya que son los centros energéticos por los que se "deslizará" la energía despierta en su viaje por la columna vertebral. Este capítulo servirá de presentación general de los chakras y su conexión con la energía kundalini. Ilustrará el símbolo del chakra, su nombre en sánscrito y su ubicación y función en el sistema. Cubrirá el color, el sonido y el mantra de cada chakra. También exploraremos los síntomas de bloqueo y las sensaciones claras de los chakras que se pueden experimentar cuando los chakras están abiertos.

Introducción a los chakras

Los chakras son antiguos centros energéticos indios asociados desde hace mucho tiempo al bienestar físico, mental y espiritual. Cada uno de los siete chakras principales situados a lo largo de la columna vertebral corresponde a distintos estados de conciencia y se cree que influyen en la forma en que asimilamos y expresamos la energía vital. Para ayudar a equilibrar nuestro sistema energético, podemos utilizar diversas herramientas como afirmaciones, técnicas de respiración, visualizaciones, sanación con sonido y yoga para abrir el flujo de energía a través de cada chakra y despertar una conexión más consciente con nuestro interior. Comprender cómo estos poderosos centros de energía interactúan con nosotros de forma única y cómo podemos facilitar su flujo natural de fuerza vital nos ayudará a alcanzar nuestro máximo potencial.

Muladhara: El chakra raíz

El muladhara, el chakra raíz, es la base del sistema energético del cuerpo humano. Este centro energético de nivel básico ayuda a alimentar nuestro bienestar físico y emocional, extrayendo energía de la tierra y proporcionando una fuente de energía para nuestras vidas. El elemento asociado a este chakra es la tierra, por lo que conectarnos a tierra es clave para mantener este chakra equilibrado y activo. Cuando uno no se siente conectado a tierra o su equilibrio se ve alterado, puede reconectar con su chakra raíz a través de actividades como el yoga, la danza o la meditación al aire libre o en el suelo. Esto nos permite permanecer centrados y en paz dentro de nuestra piel.

El chakra raíz [12]

A. Símbolo y nombre sánscrito

El símbolo asociado con el chakra raíz es una flor de loto de cuatro pétalos que se asienta sobre un cuadrado. El nombre sánscrito de este chakra es *muladhara*, que se traduce como "soporte de la raíz" o "base".

B. Ubicación y función

Muladhara se encuentra en la base de la columna vertebral. Se asocia con la seguridad y la estabilidad. Es un chakra de enraizamiento, lo que significa que nos mantiene conectados con la realidad y nos permite tener una energía física equilibrada. Emocionalmente, el muladhara nos proporciona sentimientos de seguridad y confianza en nosotros mismos y en nuestro entorno. Físicamente, la energía equilibrada de este chakra nos proporciona una buena postura, una inmunidad fuerte y un metabolismo equilibrado. La activación de este centro de energía también hace que sea más fácil para las personas manifestar sus deseos, ya que aumenta su capacidad para mantenerse enfocado en sus objetivos.

C. Color, sonido y mantra

El muladhara es la base de todo el sistema energético del cuerpo. Representado por un color rojo intenso y un ritmo de tambor constante, su energía se centra en sentirse seguro y arraigado en nuestro entorno. El chakra raíz puede alinearse con meditaciones que impliquen mantras repetidos en silencio para sí mismo, como "estoy seguro". Este mantra ayuda a abrir y equilibrar el estado energético de la mente, permitiendo mayores niveles de bienestar.

D. Síntomas de bloqueo

Cuando experimentamos un bloqueo en este chakra, puede manifestarse en muchos síntomas físicos, mentales y emocionales. Baja energía, inseguridad, sensación de desconexión con los demás y dificultad para conectarse a tierra son algunos signos comunes de desequilibrio. Los problemas digestivos o los accidentes pueden indicar que nuestro chakra raíz necesita atención y no deben ignorarse. Limpiar cualquier energía estancada de este chakra restablecerá el equilibrio de su bienestar general y le hará sentirse seguro.

E. Sensaciones de chakra limpio

Cuando experimenta un muladhara limpio, puede sentir su cuerpo más ligero, como si se hubiera quitado un peso de encima. También puede sentirse más enraizado y conectado con la tierra, con una fuerte sensación de estabilidad y seguridad. Físicamente, el sistema digestivo puede funcionar mejor, liberando la energía estancada y ayudándole a digerir mejor los alimentos. Mentalmente, un chakra raíz despejado puede ayudarle a sentirse menos estresado y abrumado por la vida cotidiana. Además, un chakra raíz equilibrado nos ayuda a aceptar nuestra intuición y a tener fe en lo desconocido. Todos estos efectos son el resultado de desbloquear un chakra abierto, que nos permite aprovechar la fuerza interior y conectar con nuestro verdadero yo.

Svadhisthana: El chakra sacro

El chakra sacro está asociado a la emoción y la creatividad y ayuda a procesar nuestras experiencias físicas y emocionales. Este chakra regula nuestros sentimientos de placer, sensualidad y relaciones con nosotros mismos y con los demás. Cuando este chakra está equilibrado, podemos relacionarnos con la vida desde la alegría en lugar del miedo o la culpa. La energía que fluye libremente en esta zona nos permite dejar de lado las expectativas o los autojuicios, lo que nos permite movernos con alegría a través de los retos de la vida y aceptar lo que nos ofrece. La práctica de posturas de yoga centradas en la alineación, el trabajo de la respiración y las actividades de enraizamiento (como escribir un diario) pueden ayudar a restablecer la armonía en el chakra sacro para que podamos experimentar la vida con el corazón abierto.

El chakra sacro [18]

A. Símbolo y nombre sánscrito

El *svadhisthana* en sánscrito, o "chakra sacro", está situado en el suelo pélvico y se representa con una flor de loto de seis pétalos naranjas. La energía de este chakra controla la creatividad, las relaciones, el impulso sexual y emociones como el placer y la sensualidad. Le anima a aceptarse a sí mismo y a explorar sus pasiones sin juzgarse. Aprovechar el poder de este chakra tiene muchos beneficios demostrados para la salud, como la mejora de la claridad mental y el equilibrio emocional.

B. Localización y función

Svadhisthana, uno de los siete chakras primarios asociados a las prácticas hindúes y budistas, también se conoce como chakra sacro. Está situado debajo del ombligo, justo encima de la zona pélvica. Está relacionado sobre todo con las relaciones y la sexualidad. Sin embargo, se puede utilizar para mucho más. Svadhisthana es conocido por aportar creatividad y alegría cuando se abre correctamente. Las personas pueden utilizar sus poderes para la inteligencia emocional, la curación de traumas y la conexión con las sensibilidades físicas (gusto, olfato, tacto). Para aprovechar esta positividad, hay que aprender a meditar en este centro energético para abrirse emocionalmente y ser consciente de sus decisiones. Entonces podrá beneficiarse realmente de la sabiduría de svadhishthana.

C. Color, sonido y mantra

Svadhisthana se asocia con el color naranja, el sonido "vam" y el mantra "yo siento". Svadhisthana representa nuestra vida emocional y la energía sexual. Trabajar con este chakra nos permite aprovechar nuestra creatividad, expresarnos con mayor libertad y acceder a una mayor abundancia espiritual. Abrazar nuestro potencial creativo nos anima a asumir riesgos y a encontrar el coraje interior. Acoger el tono naranja de svadhisthana favorece los sentimientos de placer y fluidez mientras trabajamos para vivir con autenticidad.

D. Síntomas de bloqueo

Cuando este chakra está bloqueado o desequilibrado, podemos experimentar una sensación de desconexión con nuestro cuerpo o nuestras emociones. Junto con sensaciones físicas como dolor en la ingle o en la zona lumbar, puede sentirse inseguro o falto de confianza en sí mismo o en los demás. También puede tener dificultades para relacionarse a nivel emocional. Los bajos niveles de energía, la sensación de estar estancado en la vida y la apatía general hacia actividades que normalmente le resultarían placenteras podrían ser signos de que tiene un bloqueo en el chakra svadhisthana.

E. Sensaciones claras del chakra

Cuando este chakra está equilibrado, nos sentimos libres de las garras de las emociones mientras nuestro cuerpo se llena de sensaciones placenteras. En cambio, cuando está bloqueado o desequilibrado, experimentamos emociones negativas como los celos y la inseguridad que surgen en nuestras aguas interiores. Abrir este chakra nos permite explorar nuestro lado creativo sin miedo y aumentar el placer a través de la expresión natural. Lograr el equilibrio empieza por tomar conciencia de los sentimientos y comprenderse a uno mismo. El ejercicio regular y el yoga pueden ayudarle a despejar las vías y abrir el flujo de energía para crear un estado de armonía.

Manipura: el chakra del plexo solar

Manipura, o el chakra del plexo solar, es uno de los siete chakras del cuerpo humano y se asocia con el autoempoderamiento y el propósito. Muchos espiritualistas creen que es el centro de la fuerza de voluntad y la fortaleza. Aprovechar manipura sirve como un impulso turbo para nuestra vitalidad mental y física. Trabajar en este chakra puede ayudarnos a abordar la vida con entusiasmo, impulso, claridad y confianza. La meditación nos permite acceder a estas poderosas cualidades en nuestro interior; extraer la energía única que se encuentra en manipura con cada respiración puede ser particularmente eficaz. Cuando nos comprometemos a desbloquear nuestro chakra del plexo solar, avanzamos hacia el desbloqueo de nuestro verdadero potencial.

El chakra del plexo solar [14]

A. Símbolo y nombre sánscrito

Manipura está representado por un triángulo que apunta hacia abajo, simbolizando nuestro poder innato y el fuego interior. Su nombre sánscrito significa "gema lustrosa"; está situado en el plexo solar.

B. Función y beneficios

Manipura sirve como una gran fuente de poder en nuestras vidas. Es la puerta de entrada para manifestar nuestros sueños y aspiraciones a través de la acción. Cuando su energía está equilibrada, experimentamos un aumento de la confianza en nosotros mismos, una mayor capacidad para tomar decisiones y nos sentimos capacitados. También podemos mejorar nuestra energía física, fortalecer nuestra digestión y aumentar nuestra capacidad para asumir tareas desafiantes.

C. Color, sonido y mantra

Manipura se asocia con el color amarillo y el sonido "ram". Su mantra es "yo hago". Trabajar con la vibración de este chakra puede ayudarnos a avanzar en nuestras vidas y a tomar el control de nuestros destinos.

D. Síntomas de bloqueo

Cuando este chakra está bloqueado o desequilibrado, tendemos a sentirnos emocional y físicamente lentos. Los bajos niveles de energía, la dificultad para tomar decisiones, los sentimientos de inseguridad y la incapacidad para asumir riesgos son señales de que es necesario trabajar para eliminar los bloqueos en el chakra manipura. Otros síntomas físicos comunes de un manipura bloqueado incluyen problemas digestivos, fatiga y dolores en la parte superior del cuerpo.

E. Sensaciones claras de los chakras

Cuando Manipura está equilibrado, experimentamos una oleada de energía que nos permite movernos por la vida con dirección y propósito. Podemos tomar decisiones con confianza, confiar en nuestra intuición y saltar a territorios desconocidos. Para abrir este chakra, practique yoga y medite trabajando con su mantra "yo hago". ¡Siéntase empoderado y libre a medida que desbloquea el potencial de su chakra del plexo solar!

Anahata: El chakra del corazón

El anahata, o chakra del corazón, es uno de los siete chakras primarios del sistema energético humano. Se relaciona con asuntos de compasión, amor y equilibrio emocional en nuestras vidas. A través de la construcción de la energía de este chakra, podemos aprender a integrar estas cualidades en nuestras vidas como herramientas para el crecimiento personal. Trabajar con el anahata implica estar en contacto con todos los demás chakras y comprender su relación para crear un estado saludable del ser. Prácticas terapéuticas como la meditación y el yoga son algunas de las formas sugeridas para desarrollar la energía de anahata, ofreciendo una visión de cómo acceder a emociones más sentidas. Con las prácticas de atención plena relacionadas con este centro energético, cultivamos la paz interior y los sentimientos de amor incondicional tanto hacia nosotros mismos como hacia los demás.

El chakra del corazón[16]

A. Símbolo y nombre sánscrito

Anahata está representado por una flor de loto con doce pétalos, lo que significa su conexión con el corazón. Su nombre sánscrito significa "sin heridas" y se encuentra en el centro del pecho.

B. Función y beneficios

Anahata tiende un puente entre nuestros cuerpos físico y espiritual, permitiéndonos conectar con nuestro yo superior. Cuando su energía está equilibrada, experimentamos un aumento de la compasión, el amor propio y la capacidad de perdonar y aceptar. También podemos mejorar nuestra creatividad e inteligencia emocional, aumentar nuestra capacidad de empatía y establecer relaciones sólidas.

C. Color, sonido y mantra

Anahata se asocia con el color verde y el sonido "yam". Su mantra es "yo amo". Trabajar con la vibración de este chakra puede ayudarnos a abrir el corazón y cultivar sentimientos de amor, aceptación y compasión.

D. Síntomas de bloqueo

Cuando este chakra está bloqueado o desequilibrado, tendemos a sentirnos emocionalmente desconectados de los demás y nos cuesta confiar en las relaciones. Los sentimientos de soledad, el miedo a la intimidad y la dificultad para expresar las emociones son señales de que es posible que necesite trabajar en la limpieza de algunos bloqueos en su chakra anahata. Otros síntomas físicos comunes de un anahata bloqueado incluyen palpitaciones del corazón, dolor en el pecho y problemas del sistema inmunológico.

F. Sensaciones claras de los chakras

Cuando anahata está equilibrado, experimentamos una sensación de paz interior y satisfacción. Podemos aceptar nuestras propias emociones, así como las de los demás, sin juicio ni miedo. Para abrir este chakra, practica yoga y meditación trabajando con su mantra, "yo amo". Sienta el amor que irradia de su corazón, ¡el amor incondicional que siente por sí mismo y por los demás!

Vishuddha: El chakra de la garganta

El chakra de la garganta es uno de los siete centros energéticos principales del cuerpo, conocido como vishuddha. Su relevancia e importancia radican en su capacidad para abrir nuestras cuerdas vocales y expresar la verdad y la creatividad. Cuando la energía fluye libremente a través de este chakra, podemos aprovechar nuestro poder de comunicación. Esto puede mejorar nuestras relaciones con nosotros mismos y con los demás y ayudarnos a desarrollar la claridad y a hablar con confianza. Cuando podemos liberar los bloqueos de este chakra, nos volvemos más expresivos y más abiertos de mente hacia nuevas ideas y perspectivas. La apertura del chakra vishuddha puede ayudarnos a aceptar lo que se nos presenta en el camino de la vida con un corazón ligero y mejores resultados.

El chakra de la garganta [16]

A. Símbolo y nombre sánscrito

Vishuddha es el nombre sánscrito del chakra de la garganta y está representado por una flor de loto de dieciséis pétalos. Su nombre sánscrito se traduce como "purificación" y está situado en la base de la garganta.

B. Función y beneficios

El chakra vishuddha rige nuestra forma de hablar, pensar, escuchar y comunicarnos con los demás. Podemos expresarnos con claridad y confianza cuando su energía está equilibrada. También nos ayuda a mantener la mente abierta a nuevas ideas y perspectivas. Otros beneficios son la mejora de las relaciones, una mejor comunicación y un aumento general de la confianza en uno mismo.

C. Color, sonido y mantra

Vishuddha se asocia con el color azul y el sonido "ham". Su mantra es "yo hablo". Practicar este mantra ayudará a abrir el chakra de la garganta y a liberar bloqueos.

D. Síntomas de bloqueo

Cuando vishuddha está bloqueado o desequilibrado, podemos sentir que nuestra comunicación está sofocada y restringida. También podemos experimentar dificultades para decir la verdad y expresar nuestras opiniones, así como para escuchar a los demás. Los síntomas físicos de los bloqueos pueden incluir dolor de garganta, tensión en el cuello y laringitis.

E. Sensaciones claras de los chakras

Cuando vishuddha está equilibrado, nos sentimos más abiertos y receptivos hacia las ideas y perspectivas de los demás. Podemos expresarnos fácilmente con confianza y claridad. Para abrir este chakra, practique posturas de yoga que se centren en estirar la zona del cuello y la garganta. Sin embargo, el paso más importante es trabajar para liberar cualquier emoción o pensamiento no expresado que pueda estar reteniendo. Reconózcalos y permítase expresar su verdad sin miedo.

Ajna: El chakra del tercer ojo

Ajna es un punto de energía vital en muchas prácticas yóguicas, comúnmente llamado el chakra del tercer ojo. Tradicionalmente, se cree que abre el potencial psíquico y agudiza la intuición y el conocimiento interior. Cuando está equilibrado, este chakra puede conducir a una mayor percepción y comprensión de nosotros mismos, de nuestras relaciones y del mundo que nos rodea. Para equilibrar este punto energético concreto, es esencial centrarse en cultivar la claridad y confiar en nuestra sabiduría. A través del trabajo de respiración, meditación y autorreflexión, podemos empezar a entender cómo procesamos e interpretamos la información a través de la vía de ajna para el crecimiento espiritual. Una vez abierto, permite una verdadera fusión en estados de meditación más profundos. Los mensajes tácitos se escuchan claramente en la conciencia del individuo.

El chakra del tercer ojo [17]

A. Símbolo y nombre sánscrito

Una flor de loto de dos pétalos representa *ajna*. Su nombre en sánscrito se traduce como "mando" o "percepción", y está situado entre las cejas.

B. Función y beneficios

El chakra ajna rige nuestra intuición, imaginación, sabiduría y percepción de la verdad. Cuando su energía está equilibrada, podemos acceder a un nivel superior de comprensión y claridad. Nos ayuda a conectar con nuestro conocimiento interior y a aprovechar nuestro potencial psíquico. Entre sus beneficios se incluyen la mejora de la intuición, la toma de decisiones, la creatividad y la concentración.

C. Color, sonido y mantra

Ajna se asocia con el color índigo y el sonido "aum". Su mantra es "veo". Practicar este mantra ayudará a abrir el chakra del tercer ojo y a liberar bloqueos.

D. Síntomas de bloqueo

Cuando ajna está bloqueado o desequilibrado, podemos tener dificultades para comprender nuestra intuición y confiar en nuestra sabiduría interior. También podemos sentirnos desconectados de nuestros caminos espirituales y encontrar difícil centrarnos en el panorama general. Los síntomas físicos de los bloqueos pueden incluir cefaleas tensionales, fatiga y dificultad para tomar decisiones.

E. Sensaciones claras de los chakras

Cuando ajna está equilibrado, tenemos mayor claridad y comprensión de nosotros mismos y de los demás. Nos volvemos más intuitivos y podemos tomar decisiones con confianza. Para abrir este chakra, practique posturas de yoga centradas en la zona del entrecejo o un suave masaje de cabeza que le ayude a calmar cualquier tensión. Desarrolle su sabiduría interior y confíe en sí mismo escuchando su intuición; esto le proporcionará una base sólida para comprender las capas más profundas de ajna.

Sahasrara: el chakra de la coronilla

El chakra de la coronilla es el punto energético más elevado del cuerpo y está situado justo en la parte superior de la cabeza. Conocido como *sahasrara*, representa la iluminación, la conexión espiritual y nuestro yo superior. Cuando se abre, podemos acceder a un nivel superior de conciencia y experimentar una conexión más profunda con nuestra naturaleza espiritual.

El chakra de la coronilla[18]

A. Símbolo y nombre sánscrito

Una flor de loto de mil pétalos representa *sahasrara*; su nombre sánscrito se traduce como "mil veces" o "sin límites". Está situada en la parte superior de la cabeza y simboliza la iluminación y la conexión espiritual.

B. Función y beneficios

El chakra de la coronilla es el punto energético más elevado del cuerpo y rige nuestra espiritualidad, la comprensión de nosotros mismos y nuestra conexión con un poder superior. Cuando está equilibrado, nos ayuda a conectar profundamente con nuestra sabiduría interior y a acceder a niveles superiores de conciencia. Entre sus beneficios se incluyen la mejora de la intuición, una mayor claridad, el aumento de la creatividad y la conexión espiritual.

C. Color y sonido

Sahasrara se asocia con el color púrpura o blanco y el sonido "aum". Su mantra es "veo". Repetir este mantra ayudará a abrir su chakra de la coronilla y a liberar cualquier bloqueo que pueda estar experimentando.

D. Síntomas de bloqueo

Cuando el chakra de la coronilla está bloqueado o desequilibrado, podemos experimentar sentimientos de desconexión de nuestros caminos espirituales y una falta de dirección en la vida. Podemos sentirnos desconectados de nuestro poder superior o tener dificultades para confiar en nuestra sabiduría interior. Los síntomas físicos de los bloqueos pueden incluir insomnio, dolores de cabeza y fatiga mental.

E. Sensaciones claras de los chakras

Cuando el chakra de la coronilla está equilibrado, nos sentimos conectados con un poder superior y tenemos una claridad general de nuestro propósito espiritual. Para abrir este chakra, practique posturas de yoga centradas en la parte superior de la cabeza o masajee suavemente. Pasar algún tiempo en la naturaleza y conectar con el entorno abre el chakra de la coronilla y proporciona una conexión espiritual.

Podemos acceder a nuestra sabiduría interior, que puede guiarnos por la vida aprovechando y comprendiendo el poder de los chakras. Trabajar para equilibrar cada uno de los chakras nos ayudará a traer armonía a nuestras vidas y a aprovechar todo nuestro potencial. Es un viaje de autodescubrimiento y crecimiento espiritual que dura toda la vida.

La práctica de despertar y equilibrar los chakras a través del yoga, la meditación, el masaje y otras modalidades de sanación holística puede ayudarnos a equilibrar nuestras vidas, reducir los niveles de estrés y ayudarnos a alcanzar nuestro máximo potencial. Comprender el poder de los chakras nos permite acceder a nuestra sabiduría interior, que puede guiarnos por la vida. Con la práctica, podemos despertar y equilibrar la energía de cada chakra para alcanzar un estado de armonía y bienestar.

Al comprender las funciones de los distintos chakras, aprendemos a abrirlos y a aprovechar su poder para un mayor crecimiento espiritual. Debemos empezar por comprender el poder de la energía kundalini y cómo afecta a cada chakra y a sus funciones asociadas. Al despertar esta energía, nos abrimos a un nuevo mundo de exploración y crecimiento espiritual. Una vez que comprendemos el papel de cada chakra en nuestras vidas, podemos empezar a explorar formas de despertar y equilibrar la energía de cada chakra para alcanzar un estado de armonía y bienestar.

Capítulo 3: Preparar los chakras para la serpiente

Los chakras son poderosos centros de energía, cada uno de los cuales gobierna diferentes partes de nuestro bienestar físico, mental y emocional. Cuando están desequilibrados o bloqueados, pueden provocar una serie de problemas. Mantener los chakras equilibrados y sanos es esencial para experimentar una sensación de bienestar y mantener el equilibrio emocional, mental y espiritual. Para garantizar este equilibrio, es necesario limpiar y desbloquear los chakras con regularidad. La limpieza regular elimina la energía negativa y permite que la energía positiva fluya libremente. El desbloqueo de los chakras garantiza que las vías energéticas permanezcan abiertas para que la energía pueda circular continuamente por los siete centros del cuerpo.

Preparar los chakras para la limpieza y el desbloqueo es una parte fundamental del proceso. Esto puede hacerse mediante disciplinas como la meditación, la respiración, los mantras, la visualización, el yoga u otras actividades físicas. Este capítulo le guiará sobre cómo limpiar y desbloquear cada chakra. Siguiendo los métodos aquí descritos, podrá equilibrar sus chakras y alinearse con su yo más elevado.

Abrir el chakra raíz

El chakra raíz es un poderoso punto de energía que se encuentra en la base de la columna vertebral y sirve como fuerza de enraizamiento en todos los aspectos de la vida. Abrir el chakra raíz despeja cualquier bloqueo energético que pueda estar presente y realinea nuestra conexión interior hacia la estabilidad, la seguridad y el equilibrio. Permite que afloren las emociones que se hayan podido apartar o *reprimir*. En última instancia, esto nos ayuda a conectar mejor con nuestro cuerpo y a mantener conversaciones abiertas sobre lo que necesitamos para sentirnos seguros y arraigados. Trabajar con este chakra puede mejorar la capacidad de recuperación, la fuerza y la creatividad, por lo que es fundamental para aquellos que buscan una sensación general de salud en su viaje de autodescubrimiento.

Consejos dietéticos/Desintoxicación

La desintoxicación del chakra raíz se centra en proporcionar estabilidad y una sensación de estar enraizado tanto emocionalmente como en la vida. Varios consejos dietéticos sencillos pueden ayudarle a abrir este centro de energía vital de su cuerpo.

- Empiece añadiendo más tubérculos a su dieta, como patatas, zanahorias, cebollas y boniatos.
- Incluir especias calientes como el comino y el cardamomo es otra adición dietética para ayudar a estimular el flujo energético del chakra de la raíz.
- Comer alimentos recién preparados, ricos en nutrientes, y empezar con una base saludable de verduras ayudará a sentar las bases de un chakra raíz equilibrado.

Cambios en el estilo de vida

Hacer cambios conscientes en su estilo de vida puede afectar positivamente a su salud emocional y física, sobre todo cuando se trata de abrir el chakra raíz. Algunas formas sencillas de promover la salud del chakra raíz son:

- Pasar más tiempo al aire libre
- Mantenerse en contacto con personas de confianza
- Comer alimentos naturalmente nutritivos
- Realizar actividades físicas que le gusten

- Establecer límites saludables
- Darse tiempo para descansar

Cuidarnos a nosotros mismos crea un efecto dominó que puede ayudarnos a afrontar los retos personales y profesionales con mayor resiliencia. No se gana nada con trabajar en exceso o estancarse en comportamientos poco saludables. Hacer estos ajustes puede ser un reto al principio, pero comprometerse con un estilo de vida más saludable es una oportunidad inestimable para crecer y desarrollarse.

Asanas o posturas de yoga

Abrir el chakra raíz mediante posturas de yoga puede ser poderoso y eficaz. Una de las mejores formas de empezar es ponerse de pie en el suelo y adoptar la postura de la montaña. Esta sencilla asana le permite establecer una conexión con el mundo físico, creando una base de conciencia. A partir de ahí, puede explorar posturas como las sentadillas y los pliegues hacia delante, manteniendo las rodillas suaves y conscientes, centrándose en conectar con la respiración. Las posturas sentadas que estiran y masajean a lo largo de la columna vertebral, como las de la vaca-gato, también pueden ayudar a abrir su sensación de pertenencia al espacio físico.

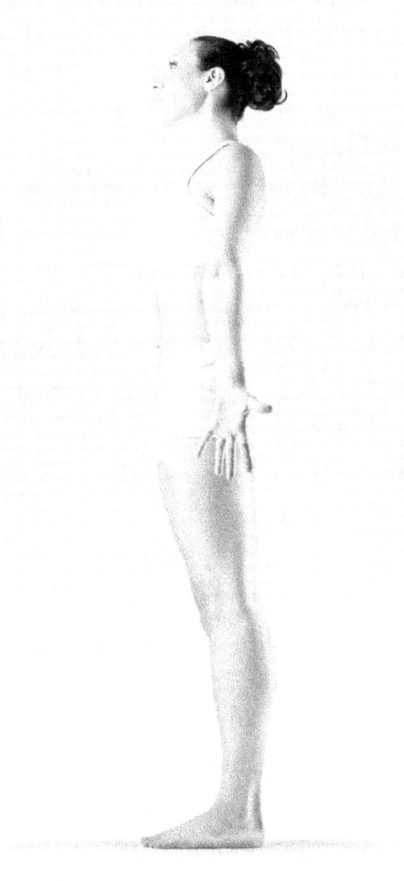

Postura de la montaña[19]

Limpieza del chakra sacro

Limpiar el chakra sacro es una forma poderosa de desbloquear la creatividad, la pasión y la sensualidad en su vida. Es esencial para dar paso a actividades impulsadas por las emociones que pueden profundizar en las relaciones y calmar la ansiedad por la responsabilidad. Practicar la autorreflexión es una forma estupenda de iniciar cualquier viaje hacia la limpieza de este chakra. Esto puede hacerse escribiendo un diario o meditando sobre quién es usted, el tipo de vida que quiere llevar y cómo sus valores se relacionan con ello. Las actividades físicas regulares, como el yoga o la danza, pueden abrir las energías bloqueadas alrededor de esta zona de nuestro cuerpo. Por último, escuchar música, pintar y decorar con colores brillantes ayudan a mejorar la conexión que tenemos con nosotros mismos y con los demás, permitiendo que la energía creativa fluya más libremente.

Consejos dietéticos/desintoxicación

En cuanto a los consejos dietéticos, la desintoxicación del chakra sacro requiere mucha hidratación. Beber suficiente agua permite al cuerpo eliminar toxinas y mantenerse correctamente hidratado. He aquí otros consejos dietéticos favorables al chakra sacro:

- Aumente el consumo de naranjas y otros cítricos que contengan vitamina C.
- Incluya alimentos ricos en antioxidantes, como los arándanos y el chocolate negro.
- Consuma más ácidos grasos omega-3 presentes en el salmón, la linaza y las nueces.
- Comer alimentos ricos en magnesio y calcio, como verduras de hoja verde, plátanos, frutos secos y semillas, puede ayudar a equilibrar aún más el chakra sacro.

Cambios en el estilo de vida

Hacer cambios conscientes en el estilo de vida, como dar prioridad al autocuidado y permitirse explorar diferentes salidas creativas, puede ser una forma estupenda de poner en movimiento el chakra sacro. Dedicar tiempo a relajarse puede ser muy útil para conectar con las emociones a un nivel más profundo. Aquí tiene otros consejos para activar el chakra sacro:

- Tome un baño o una ducha con sales de epsom para crear un ambiente de paz y relajación.
- Realice actividades que le aporten alegría y placer, como pasear al aire libre o escuchar música.
- Explore nuevos proyectos creativos y dedique tiempo a aficiones que realmente le gusten.
- Cree un entorno de apoyo rodeándose de personas positivas y edificantes.

Asanas o posturas de yoga

Cuando se trata de encontrar las posturas adecuadas para abrir el chakra sacro, hay que centrarse en posturas que estiren y masajeen la zona lumbar y las caderas. Los pliegues hacia delante son especialmente beneficiosos, ya que pueden ayudar a liberar la tensión del cuerpo que se ha bloqueado por falta de movimiento. La postura de la diosa es una de las mejores para este chakra, puesto que abre simultáneamente las caderas y la zona sacra. Las posturas del puente apoyado y del tronco de fuego también son excelentes para estimular el chakra sacro.

Postura de la diosa [30]

Desbloqueo del chakra del plexo solar

Nuestro chakra del plexo solar es el centro de energía de nuestro cuerpo que influye enormemente en cómo nos sentimos. Cuando está bloqueado, podemos sentirnos abrumados por el miedo, la duda y la ansiedad, lo que dificulta enfrentarnos a nuestra verdad interior. Hay muchas maneras de desbloquear este chakra, como la meditación y el yoga, pero a veces necesitamos más un cambio de mentalidad hacia la abundancia, reconociendo las cosas buenas de la vida y haciendo las cosas que nos hacen felices. Perseguir el pensamiento positivo, mantener relaciones sanas y practicar activamente el amor propio nos ayuda a recuperar nuestro poder y nos abre a nuevas oportunidades, ayudándonos a brillar desde dentro hacia fuera.

Consejos dietéticos/desintoxicación

Cuando se trata de limpiar este chakra, el mejor consejo es eliminar las toxinas. Empiece por beber mucha agua para mantenerse hidratado y limpiar el intestino. Comer mucha fruta y verdura y reducir el consumo de alimentos procesados puede ayudar a aumentar la energía y mejorar la digestión. He aquí otros consejos dietéticos a tener en cuenta:

- Incluya más verduras de hoja verde en sus comidas, como las espinacas y la col rizada.
- Aumente el consumo de alimentos ricos en fibra, como la avena y el arroz integral.
- Picar semillas, frutos secos y legumbres como lentejas o garbanzos.
- Comer comidas más ligeras y orgánicas que contengan especias curativas como la cúrcuma también puede ser beneficioso.

Cambios en el estilo de vida

Hacer cambios en el estilo de vida centrados en el autocuidado y el pensamiento positivo también puede ayudar a desbloquear el chakra del plexo solar. Conectar con la naturaleza, dando un paseo por el parque o simplemente tomando el sol puede ser increíblemente relajante y ayudar a equilibrar este chakra. He aquí otros consejos de estilo de vida a tener en cuenta:

- Busque afirmaciones positivas y mantras que resuenen con usted.
- Dedíquese a una afición o actividad que le guste, como pintar o cocinar.

- Perdonarse a uno mismo y a los demás por los errores cometidos en el pasado.
- Practicar yoga, meditación y ejercicios de respiración profunda puede ser increíblemente beneficioso.

Asanas o posturas de yoga

A la hora de encontrar las posturas adecuadas para abrir el chakra del plexo solar, hay que centrarse en posturas energizantes y edificantes. Los saludos al sol son una opción excelente, ya que ayudan a despertar el cuerpo y a agitar la energía desde el interior. Las posturas de pie que estiran la columna y abren el pecho, como guerrero I y II, también son excelentes para este chakra. La postura del barco, la del arco y la del perro mirando hacia arriba pueden ayudar a aumentar la flexibilidad y dar un suave masaje a la sección media del cuerpo. Por último, la postura del cadáver es útil para crear conciencia plena y dar al cuerpo la oportunidad de relajarse y recargarse.

Saludo al sol [21]

Reequilibrar el chakra del corazón

Sanar y reequilibrar el chakra del corazón requiere paciencia, conciencia y compromiso. El cuarto chakra es el puente entre nuestro mundo físico y nuestro ser espiritual. Conectar estos dos aspectos de nuestro ser aporta equilibrio a la vida diaria, lo cual es necesario para la salud y el bienestar general. Para abrir el chakra del corazón, la atención plena es un elemento esencial. Hay que centrarse en el amor y la compasión por uno mismo y por los demás, expresar las emociones libremente, actuar con amabilidad e incorporar posturas de yoga que estimulen el flujo de energía a través del corazón. Cada uno de estos procesos conecta con nuestra verdad interior para sanar cualquier bloqueo o trauma que nos impida expresarnos plenamente.

Consejos dietéticos/desintoxicación

Para abrir el chakra del corazón, es beneficioso centrarse en desintoxicar y nutrir el cuerpo. Aunque es fundamental mantener una dieta sana, algunos alimentos pueden ayudar a limpiar y abrir el chakra del corazón. He aquí algunos consejos a tener en cuenta:

- Aumente el consumo de cereales integrales, como la quinoa y el trigo sarraceno.
- Incluya muchas verduras de hoja verde, como espinacas, col rizada y acelgas.
- Incluya más verduras de hoja verde en su dieta, como el brócoli y las espinacas, puede ayudar a promover la desintoxicación.
- Consuma alimentos ricos en antioxidantes, como bayas o chocolate negro.

Cambios en el estilo de vida

Hacer cambios en el estilo de vida que se centren en el amor propio y la bondad puede ayudar a desbloquear el chakra del corazón. Es importante practicar la compasión y perdonarse a uno mismo y a los demás. He aquí algunos consejos útiles a tener en cuenta:

- Realice actividades que le hagan sentirse conectado consigo mismo, como escribir un diario o meditar.
- Rodéese de personas que le hagan sentirse valorado y apreciado.
- Haga algo agradable por otra persona, aunque sea algo pequeño.
- Dedíquese tiempo a sí mismo y haga cosas que le hagan sentirse feliz y relajado, como escuchar música o dar un paseo.

Asanas o posturas de yoga

A la hora de encontrar las posturas adecuadas para abrir el chakra del corazón, concéntrese en posturas purificadoras y calmantes. Las posturas que abren el corazón, como la cobra, la rueda y el puente, pueden estimular la energía del pecho y despertar el corazón. Las flexiones hacia atrás, como la postura del arco hacia arriba, la del camello y la del arco, pueden crear una fuerte conexión entre el corazón y la espalda. Por último, las inversiones suaves, como la postura de los hombros apoyados, la postura de las piernas contra la pared y la postura del pez, son beneficiosas para liberar la tensión del pecho e invitar a la armonía al corazón.

Postura de la cobra [22]

Purificar el chakra de la garganta

El chakra de la garganta, también conocido como Vishuddha, está representado por el color azul y rige la comunicación y la autoexpresión. Cuando esta zona de nuestro ser está desequilibrada o "atascada", nuestra capacidad para expresarnos con honestidad y confianza puede verse bloqueada. Para purificar el chakra de la garganta, lo mejor es comprometerse a una práctica diaria de vocalizar mantras, afirmaciones o simplemente decir en voz alta las cosas que necesita expresar, pero teme hacerlo. Hacer esto, incluso durante unos minutos cada día, puede ayudar a identificar las áreas en las que la comunicación necesita sanación en su vida para que pueda ser capaz de trabajar hacia el logro de un equilibrio completo dentro de su chakra de la garganta.

Consejos dietéticos/desintoxicación

El chakra de la garganta está conectado con la glándula tiroides, responsable de regular el metabolismo y los niveles de energía. Comer alimentos que sean beneficiosos tanto para la garganta como para la tiroides puede ser útil para limpiar y abrir el chakra de la garganta. He aquí algunos consejos a tener en cuenta:

- Aumente el consumo de alimentos ricos en yodo, como las algas, los huevos y el marisco.
- Incluya abundantes alimentos ricos en agua, como pepinos, apio y melones.
- Consuma alimentos ricos en antioxidantes.

Cambios en el estilo de vida

Además de la dieta, los cambios en el estilo de vida también pueden abrir y limpiar el chakra de la garganta. He aquí algunos consejos útiles:

- Dedique tiempo a salidas creativas, como la escritura o la música, que le ayuden a expresarse y a expresar sus sentimientos.
- Haga un esfuerzo consciente por prestar atención a las palabras que salen de su boca y practique hablar con sinceridad, sin juzgar.
- Póngase en contacto con su lado espiritual y medite o practique yoga para ayudar a abrir el chakra de la garganta.

Asanas o posturas de yoga

A la hora de encontrar las posturas adecuadas para abrir el chakra de la garganta, céntrese en posturas suaves y relajantes. Las posturas para abrir el cuello, como la del gato/vaca, la postura de los hombros y la del pez, pueden ayudar a liberar la tensión de la zona del cuello, que está conectada con el chakra de la garganta. Las flexiones de espalda como la postura del arco, el camello y la cobra pueden crear espacio en la zona del pecho y despertar el chakra de la garganta. Las inversiones, como la postura de los hombros apoyados y la de las piernas contra la pared, también pueden equilibrar el chakra de la garganta, proporcionando una sensación de comodidad y paz. Por último, las posturas de torsión supina, como el medio señor de los peces y el triángulo girado, pueden purificar y abrir el chakra de la garganta.

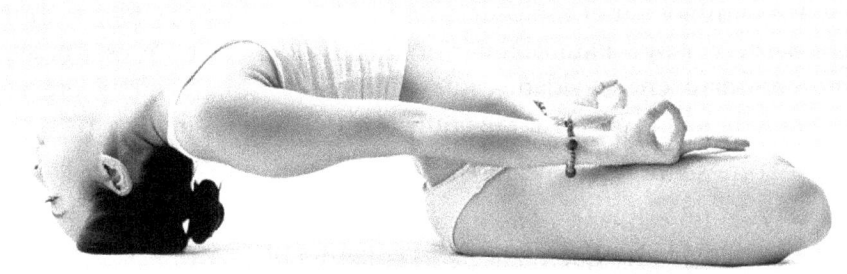

Postura del pez [38]

Iluminar el chakra del tercer ojo

Muchas personas recurren a la iluminación de su chakra del tercer ojo como un paso esencial para fortalecerse espiritualmente. Al aprovechar las energías asociadas a esta zona, uno puede encontrar una mayor comprensión, equilibrio y claridad en su vida. Se cree que acceder a este centro energético potencia la intuición y nos abre a experimentar nuestro verdadero potencial. Con la meditación regular, la relajación profunda (o incluso visualizando una luz blanca brillante en el centro de la frente), podemos empezar a ser conscientes, de forma lenta pero segura, de lo que hay detrás de nuestro cuerpo físico a nivel espiritual. En última instancia, estas técnicas son herramientas poderosas para conectar con nuestra sabiduría interior, que nos lleva a un viaje de autodescubrimiento y transformación.

Consejos dietéticos/desintoxicación

Como el chakra del tercer ojo está asociado con la vista, comer alimentos buenos para la vista puede limpiar y abrir esta zona de nuestro ser. Para abrir el chakra del tercer ojo, intenta comer alimentos ricos en vitamina A, como las zanahorias y las espinacas. Además, intenta limitar el consumo de alimentos procesados o azucarados, ya que pueden dañar la vista. He aquí algunos consejos útiles a tener en cuenta:

- Aumente el consumo de alimentos ricos en vitamina A, como zanahorias, espinacas y boniatos.
- Evite los alimentos procesados o azucarados.
- Coma muchas verduras de hoja verde como la col rizada, la rúcula y la berza.

Cambios en el estilo de vida

Ciertos cambios en el estilo de vida también pueden ayudar a abrir el chakra del tercer ojo. Para obtener el máximo beneficio de esta práctica, intente centrarse en actividades que impliquen estar atento y presente, como la meditación y el yoga. He aquí algunos consejos útiles:

- Tómese un tiempo cada día para meditar o practicar yoga.
- Haga un esfuerzo consciente por estar atento y presente en todas las actividades que realice a lo largo del día.
- Adéntrese en la naturaleza siempre que sea posible, ya que esto puede ayudarle a conectar con la tierra y a despertar el chakra del tercer ojo.

Asanas o posturas de yoga

A la hora de encontrar las posturas adecuadas para abrir el chakra del tercer ojo, hay que centrarse en posturas tranquilizadoras y elevadoras. Los pliegues hacia delante, como la flexión sentada hacia delante y la postura del niño, pueden liberar la tensión de la zona de la cabeza conectada con el chakra del tercer ojo. Las inversiones, como la postura de los hombros apoyados y la de las piernas contra la pared, pueden equilibrar esta zona proporcionando una sensación de comodidad y paz. Por último, las posturas supinas, como en la meditación trascendental y el *nadi shodhan pranayama*, pueden purificar y abrir el chakra del tercer ojo.

Postura del niño [34]

Despertar el chakra de la coronilla

Activar el chakra de la coronilla puede ser el catalizador de una experiencia de crecimiento y transformación personal que altera la vida. A través de este proceso sagrado de introspección, nuestra luz interior puede volverse más brillante y equilibrada. Para despertar la coronilla, debemos hacer un viaje hacia nuestro interior. Esto incluye examinar nuestras creencias, ser conscientes de cómo interactuamos con los demás y reservar tiempo para la práctica espiritual o la meditación. A medida que hacemos este trabajo y nos desprendemos de lo que ya no nos sirve, nuestra conciencia y comprensión se expanden, lo que nos brinda oportunidades de crecimiento personal. Nuestra conexión con la energía divina se fortalece a medida que empezamos a abrir los caminos dentro de nosotros mismos, permitiendo que el amor, la paz y la dicha infundan cada parte de nuestro ser.

Consejos dietéticos/desintoxicación

La limpieza del chakra de la coronilla requiere un enfoque consciente de la dieta. Para despertar la vitalidad en esta zona, hay que centrarse en comer alimentos ligeros, frescos y orgánicos, ricos en vitaminas y minerales. Los alimentos que contienen fitonutrientes (compuestos producidos por las plantas que aportan beneficios para la salud del organismo), como las bayas, las verduras de hoja verde y las crucíferas, son especialmente buenos para esta zona. He aquí algunos consejos útiles a tener en cuenta:

- Siga una dieta rica en verduras de hoja verde, bayas y crucíferas.
- Elija frutas y verduras ecológicas siempre que sea posible.
- Limite el consumo de alimentos procesados y azúcar.

Cambios en el estilo de vida

Además de la dieta, el estilo de vida desempeña un papel importante en la activación del chakra de la coronilla. El ejercicio regular y la relajación son necesarios para optimizar el flujo de energía entre los chakras. Añadir una sencilla rutina de estiramientos o la práctica del yoga a su vida diaria puede abrir las vías de la energía y aportar equilibrio. He aquí algunos consejos útiles a tener en cuenta:

- Dedique un tiempo cada día a practicar estiramientos sencillos o posturas de yoga.
- Realice actividades que le aporten alegría, como escribir un diario o pasear por la naturaleza.

- Procure meditar o practicar la respiración consciente todos los días.

Asanas o posturas de yoga

Algunas posturas de yoga se dirigen específicamente al chakra coronario. Estas posturas ayudan a abrir las vías energéticas, permitiendo el libre flujo de energía entre la mente y el cuerpo. La postura de la cabeza (sirsasana) estimula el chakra coronario y favorece el equilibrio y la claridad. Otras posturas que ayudan a despertar esta zona son la postura del loto (padmasana) y la postura del cadáver (savasana). Estas posturas ayudan a relajar y abrir los chakras superiores, proporcionando una sensación de unidad y paz.

Postura sirsasana[26]

En este viaje de limpieza, recuerde ser amable consigo mismo y mantener la mente abierta. Con constancia, paciencia y perseverancia, puede aprovechar el poder de su energía y despertar la vibrante fuerza vital que lleva dentro. Con un enfoque consciente de la dieta, el estilo de vida y las prácticas de yoga, podemos despertar el chakra de la coronilla y experimentar un nivel más profundo de conexión espiritual. Mediante la práctica regular, podemos empezar a expandir nuestra conciencia y experimentar un equilibrio más armonioso en nuestras vidas.

Capítulo 4: Pranayama y drishti: Concentrarse y respirar

La meditación y el kundalini yoga son herramientas poderosas que tienden un puente entre nuestro cuerpo físico y el reino energético. A través de la respiración y las posturas intencionadas, la energía estancada almacenada en el cuerpo se libera al tiempo que se atrae energía nueva y vibrante. La práctica de la meditación y el kundalini yoga nos permite enfrentarnos a los enigmas de nuestro interior y emprender un viaje transformador de autodescubrimiento. Nos brinda la oportunidad de redescubrir quiénes somos en cada nivel de conciencia y, en última instancia, nos devuelve a nuestra verdad interior de unidad.

La capacidad de concentrarse y respirar es fundamental para una meditación eficaz [95]

El kundalini yoga combina prácticas antiguas sencillas pero profundamente arraigadas con mantras utilizados para anclar su creatividad y poder divinos. Este capítulo se centra en dos componentes clave de la meditación y el kundalini yoga, incluyendo drishti (la mirada) y pranayama (la regulación de la respiración a través de ciertas técnicas y ejercicios). Proporciona una comprensión tanto de la mirada como de las técnicas de respiración adecuadas que se pueden utilizar para apoyar el viaje de la meditación y el kundalini yoga. Al dominar los fundamentos de estos dos componentes, será capaz de llevar su práctica de kundalini más profunda y crear el espacio para una transformación profunda.

Drishti: La mirada

Drishti es un concepto integral en la práctica del yoga. La mirada dirigida de la conciencia y el propósito mantiene la atención en un punto en particular a lo largo de una práctica de yoga. Practicar con drishti nos ayuda a mantenernos atentos y conectados con nuestra respiración, nuestros movimientos físicos y con nosotros mismos. Al proporcionar estabilidad a la columna vertebral y calmar el cerebro, esta poderosa herramienta nos lleva más allá de las dudas y distracciones que podrían impedirnos profundizar en nuestra conexión con cada postura. El concepto de drishti también nos enseña a ser conscientes de lo que contemplamos en nuestras vidas fuera de la práctica del yoga; como se ha dicho, "nos convertimos en lo que contemplamos". Drishti puede ayudar a dirigir nuestra mirada interior para descubrir lo que más nos importa en la vida.

A. ¿Qué es drishti?

Para tener éxito en la meditación y el kundalini yoga, es esencial comprender qué es drishti. La palabra se origina en sánscrito y puede traducirse como "la mirada de los ojos". Es la dirección intencional y consciente de nuestra vista. Mediante el uso de drishti en la práctica de yoga, podemos mantener nuestra mente enfocada en un punto en particular, lo que nos permite conectar con la respiración y movernos a través de posturas con intención. El yoga iyengar, un tipo de yoga moderno, define el drishti como "una mirada para tomar conciencia de su dirección". Mientras se practica el drishti, los ojos pueden estar abiertos o cerrados dependiendo de la preferencia del individuo.

B. Usos del drishti en la meditación y el kundalini yoga

Drishti estabiliza la mente y nos ayuda a alcanzar la claridad mental al permitirnos mantener la concentración en un objeto durante algún tiempo. Podemos conectar más con nuestro yo espiritual centrándonos en un objeto durante la meditación. El uso de drishti fomenta la respiración consciente para permanecer más tiempo en cada postura, lo que aumenta sus beneficios. Algunas kriyas (un conjunto específico de ejercicios) requieren que los practicantes miren hacia arriba, hacia abajo o hacia el horizonte para alinear las energías del cuerpo y atraerlas hacia el centro del tercer ojo. Juntas, estas prácticas crean un entorno que permite una quietud y una introspección más profundas.

1. Enfoque

Al centrarse en la energía y la conciencia, los practicantes entran en un estado meditativo y pueden empezar a experimentar todo el poder de su práctica. Al concentrarnos en mantras silenciosos u otros estímulos, podemos emplear plenamente nuestras fuerzas físicas y espirituales para cosechar todos los beneficios de la meditación y el kundalini yoga. Aunque a veces es difícil para algunos recién llegados encontrar tal concentración, cuando se ha logrado, puede conducir a una profunda comprensión y apreciación de las prácticas de mediación.

2. Crear un flujo de energía equilibrado

Al centrarnos suavemente en diferentes puntos, en la meditación o en las posturas de yoga, podemos dirigir la energía que, de otro modo, se dispersaría fácilmente por todo el cuerpo. Esto conduce a una mayor conciencia interna, así como a una mayor claridad mental y estabilidad emocional. El uso de drishti durante la meditación kundalini puede crear un estado meditativo profundo, dándonos acceso a los recursos internos siempre disponibles de la intuición y la creatividad. En resumen, drishti ayuda a crear un flujo de energía equilibrado que trae nueva vitalidad y curación a nuestras vidas.

3. Alinear la atención con las intenciones

Utilizar el poder visual de drishti para alinear su atención con sus intenciones es crucial en la meditación y el kundalini yoga. Cuando se centra en esta práctica, le da claridad y dirección en la vida. Con este tipo de enfoque y visualización, obtiene una visión más profunda de sí mismo y un mayor control sobre cómo reacciona ante las diferentes experiencias. Como resultado, su vida puede volverse más armoniosa y equilibrada a medida que su postura corporal cambia y su energía se alinea con sus objetivos. Estas técnicas de meditación pueden resultar difíciles al principio, pero una vez que se convierten en una parte habitual de su día, ¡sus influencias serán transformadoras!

C. Enfoques oculares específicos

Tanto la meditación kundalini como el yoga son prácticas antiguas que implican focos oculares específicos para desbloquear un rico potencial espiritual. En la meditación kundalini, los practicantes concentran su mirada en un único punto mientras realizan una práctica meditativa diseñada para aumentar el flujo de energía y la conciencia interior. Con este método, los practicantes pueden experimentar un estado trascendente de claridad mental, mayor intuición y mejora de la salud y el bienestar general.

Del mismo modo, en posturas de yoga como padmasana o mandukasana, se indica a los practicantes que centren la mirada en un objeto externo, normalmente uno que les conecte con el mundo físico. Esta práctica, *trataka* (contemplación), ayuda al practicante a establecer una conexión más profunda con la naturaleza. Esta práctica sencilla pero profunda permite a los yoguis profundizar en su concentración y obtener algo más que fuerza física, una conexión con la comprensión divina y la paz dentro de uno mismo. A través de estos enfoques oculares específicos dentro de la meditación y el kundalini yoga, los practicantes pueden acceder a vastos recursos internos que nunca supieron que tenían.

1. Punto entre las cejas

El desarrollo de su enfoque en el punto entre las cejas conduce a una mayor claridad de la visión y la intuición, que luego puede ser utilizado para manifestar el cambio y la transformación en la vida. Aprenda a practicar el fino arte de perfeccionar esta agudeza mental a través de pranayama o ejercicios de respiración, como kriyas, cantos y visualización. Descubrirá que cuando se entrene para ser consciente del punto de la ceja durante sus meditaciones y clases de kundalini yoga, accederá a un nivel más profundo de quietud interior, que le conectará con una reserva de fuerza y poder internos.

2. Punta de la nariz

A medida que los practicantes de kundalini aprenden más sobre la meditación, acceden a niveles aún más profundos de conciencia, centrando su atención en la punta de la nariz. Esta acción no solo aumenta la agudeza sensorial y la conciencia espacial, sino que, derivada de las antiguas enseñanzas yóguicas, esta técnica mejora la forma en que las personas responden a los estímulos externos y gestionan mejor el estrés. Independientemente de su nivel de experiencia o antecedentes en la práctica del yoga, aprender a enfocar su energía en la punta de la nariz puede traer una gran claridad mental, una pieza esencial para cualquier práctica exitosa de kundalini.

3. Mentón

La práctica del yoga y la meditación kundalini implica el uso específico del enfoque de los ojos para un profundo despertar espiritual. Centrarse en la barbilla específicamente, conocido como chin dharana, es una manera de llevar la conciencia a la zona del tercer ojo que descansa en el centro de la frente, lo que permite la conexión con un nivel superior de conciencia. Aunque se requieren diferentes técnicas para activar esta energía, una práctica común entre los yoguis es la mirada en el entrecejo, que se corresponde con un enfoque rítmico en la barbilla. Esta técnica prepara el cuerpo y la mente para entrar en estados meditativos profundos y fomenta realizaciones intensamente poderosas que son una parte esencial del kundalini yoga, haciendo de chin dharana una técnica de meditación extremadamente poderosa y valiosa.

4. Chakra de la coronilla

El chakra de la coronilla, o sahasrara, es el séptimo chakra principal del cuerpo y rige la sabiduría, la comprensión, la iluminación y la conexión con nuestro ser divino interior. Centrar la mirada en este chakra puede ayudar a cerrar la brecha entre los reinos físico y espiritual. Enfocar los ojos en la llama de una vela, en una imagen de la divinidad o incluso en el pulgar puede ayudarnos a conectar con la tierra y proporcionarnos una vía para explorar estos reinos superiores. Ya sea que practique la meditación kundalini o yoga con regularidad o simplemente cuando se relaja, estos enfoques oculares pueden ser herramientas beneficiosas para la relajación final y la conciencia de su energía divina.

5. 1/10 Abierto

Para aprovechar la energía kundalini, los practicantes de meditación y kundalini yoga utilizan una técnica de enfoque ocular conocida como "1/10 abierto", en la que mantienen los párpados ligeramente abiertos mientras están presentes los mantras, las imágenes visuales o la conciencia de las sensaciones de la respiración o de un aspecto del cuerpo físico. Es una forma de crear un equilibrio entre estar anclado en la realidad y crear espacio mental para concentrar la mente y conectar energéticamente para ampliar la visión y la creatividad. La apertura 1/10 se enfoca en centrar la atención mientras se conectan los sentidos con la realidad física a través de técnicas de respiración regulares, lo que lleva a los practicantes a una nueva claridad, perspicacia y comprensión.

Pranayama (La respiración adecuada)

El pranayama, o respiración adecuada, forma parte integrante de muchos tipos de práctica de yoga. Esta técnica se utiliza para regular y controlar la respiración, mejorando la salud física y mental. A través de esta práctica, uno puede aumentar su capacidad pulmonar, elevar los niveles de energía y crear una sensación de calma. Una respiración adecuada también mejora nuestra conexión con el universo y su inagotable fuente de energía. Con práctica regular y dedicación, un yogui puede alcanzar estados superiores de concentración a través del pranayama y, en última instancia, profundizar su conexión con el cosmos. Incluso los principiantes pueden empezar a ver algunos beneficios en tan solo unas semanas si se mantienen constantes en sus esfuerzos.

A. ¿Qué es el pranayama?

Originario de la India y formado a partir de dos palabras sánscritas, el pranayama es una antigua práctica asociada al yoga. Las dos palabras combinadas para formar pranayama son "*prana*", que significa fuerza vital o aliento, y "*ayama*", que significa control. El pranayama es una técnica yóguica que consiste en controlar y regular la respiración para mejorar la salud física, la claridad mental y el bienestar general. Implica ejercicios de respiración para crear un equilibrio entre el cuerpo físico y la mente.

B. Importancia del pranayama en el despertar de la kundalini

Pranayama es una poderosa herramienta para el avance espiritual y el despertar de kundalini. Mediante el control de la respiración, uno puede crear nuevas vías de energía que desbloquean las energías latentes dentro del cuerpo, lo que les permite elevarse para traer una mayor conciencia y crecimiento espiritual. El pranayama es también una forma eficaz de reducir la tensión física y mental para que la meditación fluya con mayor facilidad. Cuando se combina con prácticas de visualización, el pranayama puede abrir nuevas vías para despertar la fuerza kundalini que yace latente en el interior de cada uno. De esta manera, podemos construir conexiones más fuertes entre nuestros cuerpos, mentes y almas para obtener una mayor claridad y comprensión de la verdad y la realidad.

1. Conexión con su núcleo

En el despertar del kundalini, la respiración pranayama juega un papel esencial. Conectándole a su núcleo y estableciendo un fuerte vínculo entre su ser espiritual y físico, Pranayama es el primer paso para despertar la energía latente en su interior. Mediante ejercicios de respiración consciente y la limpieza de la mente y el cuerpo, se empieza a experimentar una mayor claridad, una concentración más profunda y un propósito más firme. El pranayama le permite acceder a nuevas profundidades de autoconocimiento y transformación que, en última instancia, repercuten profundamente en el camino de su vida. A medida que toma el control de su respiración, se puede alcanzar un mayor nivel de conciencia y una conexión renovada consigo mismo y con la energía divina que le rodea

2. Aumentar la conciencia y la concentración

La antigua práctica del pranayama es la piedra angular de la conexión entre la mente y el cuerpo. Aumenta la conciencia y la concentración. Esta práctica puede afectar positivamente a la salud física y despertar las energías dormidas en los chakras conocidas como kundalini. El pranayama ilumina la respiración a la vez que profundiza en la conciencia del ser interior. A través del pranayama, los practicantes pueden aprender a ser conscientes de sus pensamientos y sentimientos, lo que conduce a la curación y a un posible despertar espiritual. La práctica regular aporta claridad a la conexión cuerpo-mente, fomentando una mayor exploración de las técnicas de meditación y permitiendo a las personas canalizar su potencial humano para la transformación y el crecimiento personal.

3. Energizar la meditación

El pranayama trabaja a nivel celular para liberar toxinas y puede utilizarse para aprovechar las reservas ilimitadas de energía que impregnan nuestra práctica de meditación y ayudan en el proceso de despertar. Durante una sesión de pranayama, podemos eliminar bloqueos en nuestro cuerpo energético, permitiendo que fuerzas energéticas vitales como el chi y el kundalini fluyan libremente e impulsen el progreso espiritual mediante la activación de elementos como los chakras y las impresiones de semillas kármicas. Los meditadores pueden reducir los niveles de estrés, desarrollando un mayor control sobre su respiración y dominando las técnicas de pranayama, a la vez que amplían sus capacidades receptivas, lo que conduce a estados de meditación más profundos con mayores beneficios espirituales.

C. Ejercicios de respiración kundalini

Los ejercicios de respiración kundalini son una poderosa herramienta para alcanzar la paz y la claridad interior. Estos ejercicios se han utilizado en la práctica espiritual durante siglos para equilibrar las energías internas y cultivar la buena salud, la fortaleza mental y la resistencia emocional. Consisten en técnicas de respiración regulada que combinan el control de la respiración con el movimiento, las posturas y la meditación. Al centrarse en la respiración, se puede tomar conciencia de las emociones internas, lo que conduce a una mayor autoconciencia y confianza en uno mismo. Mediante ejercicios sistemáticos de respiración kundalini, los practicantes se sienten más conectados con sus núcleos espirituales y más capaces de cultivar estados mentales positivos.

1. Respiración por fosas nasales alternas

La respiración por fosas nasales alternas, también conocida como nadi shodhana pranayama, es un potente ejercicio de respiración kundalini que trabaja para equilibrar las energías del cuerpo y calmar la mente mediante la realización de respiraciones completas a través de fosas nasales alternas. Al controlar la velocidad de la inhalación y la exhalación, puede llevar su cuerpo a un estado de mayor equilibrio. Durante este ejercicio, la respiración crea un sonido al pasar de un lado a otro y viceversa, lo que favorece la relajación. El proceso oxigena todas las partes del cuerpo, aportando claridad a nuestra mente y aumentando el enfoque y la concentración, al tiempo que reduce los niveles de estrés.

Pasos:

1. Comience por sentarse cómodamente con la columna vertebral erguida y los ojos cerrados.
2. Coloque la mano izquierda sobre la rodilla en una posición cómoda y relajada.
3. Coloque el pulgar derecho sobre la fosa nasal derecha y el dedo anular sobre la fosa nasal izquierda.
4. Inhale profunda y lentamente por la fosa nasal derecha y, a continuación, ciérrela con el pulgar.
5. Suelte el dedo anular y exhale lentamente por la fosa nasal izquierda.
6. Permanezca en esta posición unos instantes, manteniendo los ojos cerrados.
7. Inhale profunda y lentamente por la fosa nasal izquierda y, a continuación, ciérrela con el dedo anular.

8. Suelte el pulgar y exhale lentamente por la fosa nasal derecha.
9. Permanezca en esta posición unos instantes, manteniendo los ojos cerrados.
10. Repita este ciclo durante un máximo de diez minutos y luego deténgase, tomándose unos momentos para relajarse en la quietud de su práctica.

2. Aliento de fuego

La respiración de fuego es una de las técnicas respiratorias más poderosas para reducir el estrés físico y mental. Hace circular la energía, limpia los órganos y estimula el aumento de prana (fuerza vital). Esta práctica requiere un patrón rítmico suave de respiración consciente que alterna longitudes iguales de inhalación y exhalación. La práctica regular de estos ejercicios puede aumentar la relajación, la paciencia y la concentración. Esta técnica de respiración no solo proporciona beneficios para el bienestar físico, como la reducción de la ansiedad, sino que también elimina los bloqueos mentales que pueden mantenernos atrapados en patrones de comportamiento y pensamiento que nos limitan.

Pasos:

1. Comience por sentarse cómodamente.
2. Coloque una mano en la parte inferior del abdomen y la otra en el pecho.
3. Comience a respirar rápida y superficialmente por la nariz con inhalaciones y exhalaciones de igual duración.
4. Concéntrese en su respiración, permitiendo que fluya continuamente mientras mantiene un ritmo constante.
5. Sienta cómo la respiración sube y baja en el abdomen y el pecho, respectivamente.
6. Continúe durante un máximo de dos minutos y luego deténgase, tomándose unos momentos para relajarse en la quietud de su práctica.

3. Ujjayi pranayama

Ujjayi pranayama es una antigua práctica de respiración consciente que tiene su origen en la tradición del kundalini yoga. Fomenta la claridad mental, la calma y el equilibrio interior. La técnica básica consiste en inhalar lenta y profundamente por la nariz mientras se contraen ligeramente los músculos de la garganta, creando un suave sonido de "ola oceánica" conocido como respiración ujjayi. Este tipo de respiración fomenta la relajación y aquieta la mente y el cuerpo al llevar la conciencia al momento presente. Practicar ujjayi pranayama reduce el estrés, abre los centros energéticos del cuerpo y activa estados superiores de conciencia. Proporciona numerosos beneficios físicos, emocionales y espirituales tanto a principiantes como a practicantes experimentados.

Pasos:

1. Comience por sentarse cómodamente con la columna vertebral erguida y los ojos cerrados.
2. Tómese unos momentos para relajarse, centrándose en la respiración natural.
3. Empiece a inhalar y exhalar por la nariz, realizando respiraciones profundas que expandan los pulmones al inhalar y los contraigan al exhalar.
4. Concéntrese en el sonido de su respiración al pasar por la garganta y note cómo se crea un sonido suave tipo "olas del mar".
5. Continúe durante 5 a 10 minutos, luego suelte y relájese en la quietud de su práctica.

4. Respiraciones largas y profundas

Los ejercicios de respiración larga y profunda pueden ser increíblemente beneficiosos desde el punto de vista físico, mental y espiritual. La respiración kundalini es uno de los ejercicios más populares, ya que combina aspectos de las prácticas yóguicas orientales tradicionales con un enfoque occidentalizado más moderno sobre los centros energéticos y los chakras. A nivel fisiológico, la respiración kundalini relaja los músculos y órganos del cuerpo a la vez que estimula la actividad de la corteza neural y elimina posibles bloqueos. A nivel emocional, promueve sentimientos de paz, confianza y alegría. Asimismo, muchos practicantes descubren que la práctica regular ofrece una visión espiritual más profunda y el acceso a niveles superiores de conciencia.

Pasos:

1. Siéntese cómodamente. Cierre los ojos y relájese unos instantes, concentrándose en la respiración natural.
2. Inhale profunda y lentamente por la nariz, dirigiendo la respiración para que llene sus pulmones de abajo hacia arriba.

3. Cuando alcance la inhalación más completa posible, haga una pausa y contenga la respiración durante unos segundos.
4. Exhale lenta y profundamente por la nariz, soltando todo el aire posible.
5. Repita el ciclo durante un máximo de 10 minutos y, a continuación, libérese y relájese en la quietud de su práctica.

Drishti y pranayama pueden utilizarse juntos o por separado como parte de su práctica de kundalini. Estas poderosas técnicas mejoran la relajación, eliminan los bloqueos mentales y promueven estados superiores de conciencia. Cuando se practican con regularidad, pueden ofrecer enormes beneficios físicos, emocionales y espirituales que bien merecen el esfuerzo. En este capítulo se ha ofrecido una breve visión general de estas dos técnicas y de los pasos necesarios para practicarlas. Esperamos que esta introducción ayude a inspirar su exploración de las meditaciones kundalini y los ejercicios de respiración pranayama. ¡Feliz despertar!

Capítulo 5: Liberar la energía con mudras y mantras

Los mudras y los mantras son dos prácticas espirituales que los yoguis han utilizado durante siglos. Los mudras consisten en hacer gestos especiales con las manos para ayudar a cultivar la paz interior y estimular la energía kundalini. Los mantras son palabras, frases o sílabas sagradas que pueden cantarse o repetirse en silencio en meditación para manifestar cambios positivos o amplificar el flujo de energía. Cuando se combinan, los mudras y los mantras pueden abrir las vías energéticas de todo el cuerpo, permitiendo una curación y una transformación más profundas. Son herramientas poderosas para liberar emociones atrapadas y restaurar la salud, el equilibrio y el bienestar.

Los mudras y mantras ayudan a centrar el equilibrio y la atención [27]

Este capítulo cubrirá el papel de los mudras y mantras en el despertar del kundalini yoga. También se discutirán sus beneficios generales, así como proporcionar una lista de los mudras y mantras más útiles y potentes para la práctica de kundalini yoga. También se discutirán los significados específicos y las activaciones de los chakras de los mantras kundalini. Aunque los mudras y los mantras están profundamente entrelazados, este capítulo los discutirá por separado para entender mejor las prácticas. Al final de este capítulo, usted tendrá una comprensión mucho más profunda de mudras y mantras y cómo utilizarlos para despertar su energía kundalini.

Mudras

Los mudras son un tipo de gesto de la mano que suele verse en el arte indio antiguo, como estatuas y pinturas. Los mudras aprovechan el poder del prana, o energía vital, y tienen significados específicos que se cree que aportan salud física y comprensión espiritual. Por ejemplo, el abhaya mudra transmite protección, valor y bendiciones divinas; el gyan mudra ayuda al equilibrio y la iluminación; el dharmachakra mudra es una invocación a la verdad; y el varada mudra simboliza la caridad. Se cree que surya mudra mejora el metabolismo, añjali mudra despierta la compasión y la humildad, y dhyana mudra fomenta la meditación y la conexión. Practicar estos mudras puede ser una poderosa herramienta curativa en todos los niveles.

A. El papel y el concepto de los mudras

Los mudras representan varios significados sagrados que van de lo simple a lo complejo y varían según las culturas y las prácticas. Al igual que el mudra namaskara del hinduismo para saludar y respetar las enseñanzas del yoga, estos símbolos ritualistas están impregnados de un poder interior que ayuda a invocar emociones fuertes asociadas a diferentes conceptos espirituales. Los mudras ofrecen un poderoso camino para lograr una conexión personal con la conciencia superior y la comprensión si se utilizan con precisión y respeto. Los practicantes a menudo utilizan estas posturas significativas en la meditación o la oración para acceder a una mayor comprensión o reflexionar sobre sentimientos específicos hacia la verdad interior o la iluminación.

B. Beneficios de los mudras

El kundalini yoga ofrece toda una serie de beneficios, desde una mayor fuerza y estabilidad físicas hasta un mayor bienestar espiritual y emocional. Uno de sus aspectos únicos son los mudras, que aprovechan la energía del cuerpo y permiten a los practicantes sacar aún más provecho de su práctica. Estos gestos con las manos pueden utilizarse para diversos fines, como ayudar a controlar la respiración, equilibrar los chakras y calmar la mente. Utilizados correctamente, los mudras pueden ayudar a los practicantes del kundalini yoga a alcanzar una conexión profunda consigo mismos que es difícil de lograr a través de otras formas de yoga o meditación. Una práctica consistente del uso de mudras en las sesiones de kundalini yoga hace que se cree un fuerte vínculo entre la mente y el cuerpo a la vez que permite una comprensión y aceptación más profunda de sí mismo.

1. Beneficios físicos

Uno de los primeros pasos que un yogui aprenderá en el kundalini yoga es un conjunto de mudras o posiciones de las manos. Cada mudra tiene un significado particular asociado a él. Pero más allá del simbolismo, un área en la que el kundalini se ha destacado es el desbloqueo de beneficios corporales específicos a través del aprovechamiento de la energía y el movimiento, en gran parte debido a estos mudras útiles. Al igual que nuestras manos pueden ser muy expresivas cuando nos comunicamos verbalmente, también pueden demostrar poder curativo a través de estos cambios sutiles mientras practicamos kundalini yoga. Al desbloquear cada sistema de chakras, con diferentes mudras que representan cada región dentro de nosotros, entendemos qué áreas requieren más atención que otras. Esta exploración imaginativa aumenta la circulación para promover músculos y articulaciones más sanos en todo el cuerpo, ¡al tiempo que se desarrolla la fuerza física y emocional basada en la autoexploración!

2. Beneficios mentales

Una de las principales formas de lograr la autoconciencia y crear equilibrio es mediante el uso de mudras. Los mudras reducen el estrés y la ansiedad, aumentan la concentración, potencian la creatividad y mejoran la claridad de pensamiento. Al centrar la atención en las manos y fomentar la atención plena, los mudras pueden llevarnos a un estado de ser más enraizado y presente. Además, combinarlos con la respiración puede inducir un estado meditativo que nos abre aún más a nuestra sabiduría interior. Por lo tanto, es fácil ver que, practicados con regularidad, los mudras pueden beneficiar significativamente nuestra salud mental.

3. Beneficios espirituales

Una parte integral del uso de mudras en el kundalini yoga es aumentar la energía espiritual en todo el cuerpo. Los mudras redirigen la energía sutil dentro del cuerpo, eliminando bloqueos y creando equilibrio y armonía. Cada mudra tiene beneficios espirituales, lo que nos permite abrir nuestros corazones y mentes, lo que nos ayuda a entrar en un estado de meditación profunda, en comunión con la espiritualidad, y, potencialmente, dar lugar a una mayor conciencia a medida que nos acercamos a la iluminación. Quienes practican regularmente el kundalini yoga y los mudras que lo acompañan pueden experimentar un profundo crecimiento espiritual al tiempo que profundizan en su bienestar físico y mental.

C. Mudras útiles y potentes para el kundalini yoga

Yoni mudra, bhairavi mudra y shunya mudra son tres mudras útiles y potentes para activar las energías de kundalini. Yoni mudra simboliza partir de la semilla de la creación y está destinado a conectarnos con nuestra esencia espiritual. El bhairavi mudra estimula la intuición, el coraje, el entusiasmo y la creatividad. Refuerza la sabiduría interior. Por otro lado, el shunya mudra se centra en la quietud y la claridad dentro de nosotros mismos. Varios mudras pueden ayudarnos a ser más conscientes de nuestra respiración, relajación, centrado y concentración, todos componentes del kundalini yoga.

1. Kundalini mudra

El poderoso kundalini mudra abre los chakras del cuerpo, permitiendo que se llenen de energía, y reconoce los desequilibrios que necesitan ser corregidos. Los dedos cubren diferentes puntos de todo el cuerpo, fomentando un flujo de energía tranquilo pero alerta, como si se cargaran simultáneamente todas las partes del cuerpo. Al utilizar estos mudras, se puede notar una mayor sensación de equilibrio, claridad y armonía que se refuerza con cada repetición o movimiento hábil. ¡Con la práctica constante, los beneficios completos de los mudras de kundalini pueden ser auténticamente experimentados!

2. Uddiyan bandha

Uddiyan bandha es un poderoso mudra y una técnica de yoga arraigada en el kundalini yoga tradicional. Uddiyan bandha se traduce como vuelo o bloqueo hacia arriba, lo que hace referencia a las elevaciones viscerales de los músculos de la zona del estómago que requiere este mudra. Expulsa las energías estancadas y despierta la creatividad y la energía positiva. Practicar uddiyan bandha le reta a despertar su fuerza vital. Elimina la fatiga, la ansiedad, la depresión y otras emociones negativas, a la vez que fomenta la fuerza física, la agilidad y la resistencia. Es una forma eficaz de relajación, que fomenta la respiración profunda, lo que puede ayudar a despejar la mente y el cuerpo del estrés acumulado. Las personas que practican el uddiyan bandha con regularidad también han informado de beneficios como la mejora de la digestión y la tonificación de los músculos abdominales. Se puede integrar en cualquier práctica que implique flujo o posturas de yoga con un amplio tiempo de descanso entre ejercicios para obtener mayores beneficios mentales y físicos.

3. Mahamudra

El mahamudra, desarrollado por el yogui Bhajan y practicado en todo el mundo, ayuda a los practicantes a relajarse y a enraizarse durante la meditación. Es una forma útil de acceder a la energía del cuerpo y del alma, lo que permite abrir vías que están cerradas en la vida cotidiana. Cuando se practica el mahamudra con regularidad, se puede encontrar claridad y una sensación general de bienestar interior. Cualquiera que practique este mudra experimentará profundos cambios en su salud mental, física y espiritual. Los beneficios de este mudra incluyen una conexión más profunda con el verdadero potencial de cada uno, paz interior y una mayor intuición. Con un esfuerzo constante, se pueden alcanzar poderosos estados energéticos esenciales para la curación a todos los niveles. Dadas tales propiedades mágicas, está claro por qué mahamudra se ha vuelto tan popular entre los practicantes de kundalini yoga hoy.

4. Apana mudra

Apana mudra es otra pose mudra extremadamente beneficiosa y potente para la práctica de kundalini yoga. Es beneficiosa porque libera cualquier energía estancada en el cuerpo y promueve la circulación de energía desde la parte inferior del abdomen hacia los pies. Con esta postura, los practicantes obtendrán una mayor conciencia y enraizamiento en sus cuerpos y una mayor conexión entre cuerpo y mente. Practicar este mudra con regularidad mejorará la fuerza y la flexibilidad, energizará los órganos, purificará la sangre, mejorará la digestión, equilibrará las hormonas y aumentará la fertilidad. Esta práctica equilibrada proporciona una sensación de estabilidad potenciadora a la vez que estimula la creatividad y potencia la alegría.

5. Gyana mudra

El gyana mudra, también conocido como gyan mudra o jnana mudra, es una parte crucial del kundalini yoga. Consiste en estirar los dedos de forma que el pulgar y los dos primeros dedos formen un círculo, con el resto de los dedos curvándose hacia la palma de la mano. También conocido como el "sello del conocimiento", se cree que esté potente mudra despierta la sabiduría interior y desbloquea el poder intelectual. Los practicantes de kundalini yoga utilizan este mudra para entrar en un estado meditativo profundo, lo que da lugar a una mayor concentración, claridad de pensamiento y estados superiores de conciencia. Además de sus beneficios espirituales, el mudra gyana reduce el estrés e induce a la relajación, así como alivia los problemas similares al túnel carpiano causados por los movimientos repetitivos que experimentan las personas que teclean o realizan trabajos pesados repetitivos. En resumen, gyana mudra es sin duda una práctica útil para aquellos interesados en mejorar su bienestar físico y su conciencia espiritual.

Mantras

Los mantras son una antigua forma de canto utilizada para conectar con un poder superior desde el principio de los tiempos. Cada mantra tiene su significado individual, que puede centrarse en la energía universal y ayudarle a alcanzar un estado de meditación feliz. Los mantras no tienen límites en cuanto a su finalidad y uso, ya que pueden cantarse para entrar en el espacio de la paz interior, canalizar la energía del universo, fortalecer la fe y la fuerza de voluntad o aprender más sobre uno mismo. Sea cual sea el objetivo que intente alcanzar con la práctica de los mantras, le garantizamos que avanzará hacia una vida llena de sentido, tranquilidad y armonía.

A. Oraciones para la kundalini

Las oraciones para la kundalini son cada vez más populares para la curación y el crecimiento espiritual. Cuando se utilizan con la oración, la energía kundalini se potencia y puede producir un aumento de la agudeza mental, una mejora de la salud física, una conexión espiritual más profunda y una claridad emocional más profunda. La práctica regular puede abrir puertas a nuevas formas de autoconciencia y a una mayor comprensión de los misterios de la vida. Las oraciones kundalini se han utilizado durante siglos como una poderosa herramienta en el propio viaje espiritual y pueden aportar tanto paz interior personal como equilibrio mundano.

1. Kirtan sohila

Kirtan sohila es una antigua oración sijs para la energía kundalini y el despertar del alma. Es recitada diariamente por los sijs antes de acostarse. Kirtan sohila lava suavemente todas las preocupaciones y ansiedades, trayendo un estado de profunda relajación, paz y calma. Sus palabras divinas atraviesan las capas del cuerpo físico y nos conectan directamente con nuestro verdadero ser divino, la conciencia pura más allá del tiempo, el espacio y lo informe. Se experimenta una sensación de unión con la conciencia universal en su canto meditativo. Esta experiencia de bendición puede traer bienestar a la vida de uno en todos los niveles, física, emocional, mental, espiritual y trascendentalmente.

2. Oración de Gurú Ram Das

Gurú Ram Das es venerado como el cuarto gurú sij y el principal de los cinco amados gurús. Su legado nos conecta con una antigua tradición devocional de meditación transformacional kundalini. A través de sus inspiradoras palabras, nos sigue hablando, en particular a través de la eterna oración por la kundalini. Este poderoso mantra invoca la intervención divina para desbloquear el flujo de energía espiritual interior, expresando el deseo de conocer la libertad y encontrar el amor en nuestros corazones y almas. Los resultados son profundos: despiertan el espíritu dormido en el interior, calman la depresión y el miedo, y permiten a cada individuo experimentar la verdadera plenitud en la vida.

3. Vishnu sahasranam

Vishnu sahasranam, una oración dedicada al señor Vishnu, se cree que es lo suficientemente poderosa como para despertar su energía kundalini latente. La oración puede ayudarle a aprovechar su fuerza interior y le conecta con la fuerza divina que lleva dentro. Si se recita con regularidad, se puede alcanzar la paz y la claridad interiores y reforzar la conexión con la fuente divina. Vishnu sahasranam comprende 1000 nombres diferentes del señor Vishnu, cada uno de los cuales actúa como una herramienta de crecimiento espiritual. Yoguis experimentados sugieren que este tipo de práctica da resultados positivos si se practica con sinceridad, dedicación y atención. Hacerlo le permite manifestar sus deseos y apreciar la vida desde una perspectiva más amplia.

B. Mantras kundalini

Los mantras kundalini son cantos poderosos que se cree que dan a los practicantes un impulso espiritual adicional cuando se practican con regularidad. Estos mantras también tienen como objetivo abrir la energía en la base de la columna vertebral, donde se encuentra el inactivo poder de la serpiente. Aunque se utilizan como parte de un estilo particular de yoga, su efecto puede ser invocado por cualquiera que los haya memorizado y meditado sobre su significado. Algunas personas también encuentran que cantar estos mantras en ciertas combinaciones y con ciertos sonidos puede beneficiar su bienestar físico, mental y espiritual. Con muchos mantras kundalini disponibles, cada practicante puede encontrar uno o varios que resuenen profundamente con ellos y utilizarlos como parte de su camino hacia el autodescubrimiento.

1. Adi mantra

Om namo guru dev namo

Significado: "Me inclino ante lo divino dentro de mí, mi gurú"

El adi mantra se utiliza en la meditación y el yoga para activar las energías divinas, acercándonos a la divinidad. A través de la repetición diaria del adi mantra, su poder espiritual trabaja para equilibrar nuestros chakras internos, ayudándonos a aprovechar la conciencia infinita y la fuerza espiritual que ya existe dentro de nosotros mismos. Cada ciclo de este mantra aporta sanación energética, permitiéndote sentirte más conectado y abierto a la evolución espiritual. "Adi" se traduce como naturaleza primordial en muchas culturas de todo el mundo, lo que refleja el poder del potencial curativo que puede ser desbloqueado mediante la activación de los chakras a través del adi mantra. A medida que viajamos en este camino hacia la iluminación y la expansión del alma, la práctica regular de cantar el adi mantra nos permite relajarnos más completamente y profundizar nuestra comprensión espiritual de nosotros mismos y nuestras relaciones con los demás.

2. Mangala charn mantra

Aad guray nameh, jugad guray nameh, sat guray nameh, siri guru devay nameh

Significado: "Me inclino ante el gurú primigenio, me inclino ante la sabiduría a través de los tiempos, me inclino ante el verdadero gurú, me inclino ante la gran sabiduría divina"

El mangala charn mantra es un antiguo y poderoso mantra kundalini de los Upanishads que invoca al señor Shiva y a la diosa Parvati para hacer surgir la energía divina. La palabra "mangala" significa "auspicioso" y puede vigorizar los siete chakras para el crecimiento espiritual. Este mantra aporta mayor paz, alegría, claridad de propósito y satisfacción al abrir el corazón al amor y la compasión. También puede ayudar a sanar problemas físicos, emocionales, psicológicos y espirituales. Además, este mantra activa cada chakra, conectando cada área de la vida de uno con ese chakra en particular, como la creatividad o las relaciones, para acercarse más al bienestar. Por lo tanto, cantar el mangala charn mantra es una práctica poderosa para la verdadera transformación.

3. Mul mantra

Ek onkar sat nam karta purakh nirbhau nirvair akal murat ajuni saibhang gur prasad

Significado: "Hay un creador de todo, la verdad es su nombre, hacedor de todo, sin miedo y sin enemistad, más allá del tiempo, más allá de la forma y la iluminación. Que esto nos sea concedido por la gracia de gurú"

El *mul mantra*, o "mantra raíz", es un antiguo mantra hindú que ha proporcionado un inmenso poder y curación espiritual a buscadores de todo el mundo durante siglos. Su composición poética abre la puerta a una profunda comprensión espiritual a la vez que despierta nuestra kundalini shakti. Traducido del sánscrito antiguo, uno de los significados del mantra mul es "me abro para experimentar lo divino en mi interior". Su resonancia activa el chakra raíz, esencial para la buena salud y el bienestar, y libera cualquier bloqueo a lo largo de nuestra columna vertebral para permitirnos movernos por la vida con creatividad y plena presencia. Participar en esta práctica ancestral para acceder a la divinidad interior y desbloquear el potencial infinito de cada uno es una experiencia especial que se puede atesorar para siempre.

4. Shri gayatri mantra

Om bhur bhuva swaha, tat savitur varenyam, bhargo devasaya dheemahi, dhiyo yo nah prachodayat

Significado: "Meditamos en la luz divina de Savitur; que inspire e ilumine nuestras mentes y corazones"

El shri gayatri mantra es un antiguo canto que se dice que activa el tercer ojo o el chakra ajna. Se ha convertido en una piedra angular del yoga y la meditación kundalini, ya que invoca la sabiduría universal y guía el despertar espiritual del practicante. Los profundos efectos del mantra proceden de sus múltiples capas de significado y resonancia. Humilde, inspiradora y profundamente poderosa, esta invocación aporta muchos beneficios profundos, como claridad mental, mejora del sueño, aumento de la intuición, mejora de la concentración y mayor comprensión de la verdadera naturaleza de la conciencia consciente. Con la práctica regular y otras medidas de estilo de vida meditativo como la dieta y los ejercicios de respiración, los practicantes pueden esperar experimentar una profunda transformación a través de su trabajo con el shri gayatri mantra.

5. Akal ustat

Waho akal ki ustat, jo tum akhand path kare

Significado: "Alabado sea el eterno, aquel que recita la palabra eterna"

Akal ustat es un potente mantra de la tradición sij y se ha utilizado durante siglos para provocar una profunda curación espiritual. Fue diseñado para invocar la energía divina del universo, y se dice que su resonancia activa los siete chakras. Este mantra invoca al maestro divino para que eleve nuestra conciencia, nos llene de valor y nos ayude a encontrar la inspiración en los momentos difíciles. Se cree que akal ustat purifica el campo kármico y todos nuestros cuerpos sutiles y es una herramienta increíblemente poderosa para los practicantes de kundalini yoga. Cuando se canta en voz alta, akal ustat puede provocar una profunda relajación y paz interior, al tiempo que calma la mente y ayuda en la práctica de la meditación. Como tal, es un recurso maravilloso para su práctica de kundalini yoga.

El poder de los mantras y mudras es innegable. Si bien ambos se han utilizado durante siglos para lograr la transformación personal, solo se realizan plenamente cuando se utilizan junto con la práctica regular de kundalini yoga y meditación. Con una comprensión más profunda de la energía detrás de cada mudra y mantra, los practicantes pueden obtener una visión de los dones y capacidades únicas de cada uno, lo que les permite realizar más plenamente el potencial dentro de su práctica. ¡A medida que el practicante comienza a explorar el vasto potencial del yoga y la meditación kundalini, estos mudras y mantras pueden ser utilizados como poderosas herramientas para lograr la transformación y el despertar espiritual!

Capítulo 6: Cómo hacer meditación kundalini

La meditación kundalini es una forma poderosa de acceder al poder espiritual y a la energía que hay dentro de uno mismo. Con práctica y dedicación, se puede despertar la energía kundalini, conocida como el "poder de la serpiente", que existe en la base de la columna vertebral. Esta poderosa energía sustituye a los pensamientos negativos y crea una inmensa sensación de alegría y equilibrio espiritual cuando se accede a ella. Combinando antiguas técnicas de yoga con la respiración relajante y la visualización, la meditación kundalini descubre nuestro máximo potencial, tanto espiritual como mental. A través de esta práctica yóguica, buscamos profundamente en nuestras almas la curación, la fuerza, el coraje, la autoconciencia y la paz interior.

La meditación kundalini nos permite despejar la mente, relajar el cuerpo, acallar el parloteo interior, conectar con nuestros guías espirituales y acercarnos a cualquier poder superior en el que creamos. Este capítulo explicará qué es la meditación kundalini y sus beneficios, las instrucciones paso a paso para practicarla y proporcionará algunos consejos para mejorarla. En última instancia, con constancia y dedicación, la meditación kundalini puede ayudar a crear una mejor conexión con lo divino y con uno mismo.

¿Qué es la meditación kundalini?

La meditación kundalini está revolucionando la forma en que la gente aborda la espiritualidad y el autodesarrollo. Mediante una combinación de técnicas de respiración profunda, posturas de yoga, mantras y visualizaciones, la meditación kundalini aporta un elemento espiritual a la práctica física. Centradas principalmente en canalizar la energía que asciende desde la base de la columna vertebral a través del cuerpo, estas meditaciones aportan equilibrio mental y físico. Con tantas combinaciones diferentes disponibles, la meditación kundalini puede adaptarse a las necesidades de cualquier persona. Si alguien quiere centrarse en el diálogo interno o trabajar en la manifestación de los resultados deseados en su vida, hay una meditación kundalini para cada etapa de transformación personal.

Beneficios de la meditación kundalini

La meditación kundalini ayuda a los practicantes a acceder a la energía universal dentro de sí mismos y a alinear el cuerpo, la mente y el espíritu. Muchos seguidores que la practican descubren que aporta muchos beneficios, como una mejor salud física y mental, un mayor desarrollo espiritual, un aumento de la creatividad y la intuición, una mayor claridad de pensamiento y una mejor concentración y enfoque. Además, como fomenta un estilo de vida más centrado, los practicantes de la kundalini a menudo afirman sentirse más conectados consigo mismos y con el mundo en general. En esencia, la meditación kundalini es un camino hacia la comprensión del verdadero propósito de la vida.

1. Aumentar la creatividad

Esta poderosa práctica fomenta la creatividad, la agilidad mental y la estabilidad emocional. Libera la energía creativa reprimida y ayuda a aprovechar el potencial creativo de cada uno. Mediante la meditación kundalini habitual, descubrirá que aumenta la concentración y la claridad de pensamiento, que puede crear ideas inspiradoras y que fomenta un estado emocional positivo. La meditación kundalini también crea el ambiente perfecto para la autorreflexión y el crecimiento espiritual, que nos ayuda a conectar con nuestra intuición y acceder a la parte inconsciente de nosotros mismos. Como resultado, podemos discernir lo que realmente nos inspira, ampliar nuestros procesos de pensamiento actuales y ser más originales en la creación de conceptos. En definitiva, la meditación kundalini ayuda a abrir el camino hacia la búsqueda de múltiples formas de creatividad que reflejen nuestro yo.

2. Equilibrar el sistema nervioso

La meditación kundalini está ganando adeptos como técnica para equilibrar de forma natural el sistema nervioso. A través de su énfasis en la paciencia, la concentración y la comprensión, la meditación kundalini crea un equilibrio entre la mente y el cuerpo. Cuando se practica con regularidad, esta técnica puede ayudar a las personas a cultivar la paz interior y a gestionar mejor sus emociones. También puede servir para disminuir los niveles de estrés y reducir la ansiedad. Como resultado de estos efectos, los practicantes a menudo se enfrentarán a los obstáculos de la vida con facilidad, gestionando mejor tanto la salud física como la mental.

3. Mejorar la intuición

A través del crecimiento y la expansión que aporta este poder espiritual interior, los practicantes pueden mejorar drásticamente su intuición. Las personas que practican la meditación kundalini mejoran sus capacidades cognitivas y tienen un mayor sentido de la intuición. Esto se traduce en mejores procesos de toma de decisiones, más creatividad para resolver problemas y una mayor conciencia del entorno. Por lo tanto, proporciona a los usuarios una comprensión más holística de su existencia y realidad, ayudándoles a obtener una perspectiva de otro mundo sobre los asuntos de la vida. Al fortalecer la intuición, podemos entender claramente nuestro propósito en la vida y ser guiados para convertirnos en individuos satisfechos.

4. Mejora la claridad mental

Meditar a través de kundalini es un método contundente para mejorar la claridad mental. Aunque muchos estudios han demostrado los beneficios de la meditación, es especialmente poderosa cuando se combina con posturas en movimiento y ejercicios de respiración, que comienzan a activar y equilibrar las vías energéticas del cuerpo. La práctica de la meditación kundalini libera los bloqueos mentales formados por el estrés y la ansiedad, proporcionando una mayor perspectiva y capacidad para resolver mejor los problemas difíciles. La práctica regular ayuda a fomentar la claridad, la creatividad y la capacidad de concentración, lo que puede mejorar la capacidad de toma de decisiones para la vida diaria, ya sea a nivel personal o profesional.

5. Estimula un mejor sueño

Practicar la meditación kundalini puede ser una gran manera de relajarse y recargarse para dormir mejor. Cuando medita, respira profundamente, lo que relaja su cuerpo y ralentiza el ritmo cardíaco. Esto puede ayudar a nuestro cerebro a pasar más rápidamente del estrés del día a un estado de sueño reparador. Además, la meditación kundalini nos permite explorar nuestras emociones y procesarlas de forma saludable, lo que nos tranquiliza y favorece un mejor sueño. Liberar la tensión acumulada nos ayuda a conciliar el sueño más rápidamente, a permanecer dormidos más tiempo y a despertarnos con energía. Estos beneficios dejan claro que sacar tiempo de su día para una sesión de meditación kundalini puede ser esencial para conseguir una mejor noche de sueño.

6. Reduce el estrés y la ansiedad

Esta antigua forma de meditación india trae la capacidad de reducir el estrés y la ansiedad a través de la respiración, cantando mantras, movimientos y visualización para conectar profundamente con uno mismo. La meditación kundalini crea sentimientos de relajación mediante la liberación de endorfinas que reducen los niveles de cortisol y disminuyen la ansiedad. El componente de movimiento anima a las personas a liberar cualquier emoción negativa que estén reteniendo, al tiempo que aumenta su autoconciencia. La meditación kundalini no solo ayuda a reducir el estrés, sino que también reduce síntomas físicos como los dolores de cabeza y de espalda. Esta meditación ayuda a las personas a estar más presentes en el momento mientras son conscientes de sus pensamientos y sentimientos, lo que les permite vivir la vida con mayor plenitud, paz y satisfacción.

7. Limpia la mente subconsciente

La meditación kundalini se ha practicado durante miles de años y se dice que es el trabajo de los dioses, proporcionando un camino para iluminar las mentes de los simples mortales. Combina la intención, el sonido y la respiración como disciplina para limpiar la mente subconsciente. Quienes la practican desde hace tiempo juran que la meditación kundalini les abre a posibilidades antes inaccesibles, desde una mayor creatividad y claridad mental hasta una mayor confianza en sí mismos. En consecuencia, acceden a su espacio meditativo más profundo a voluntad, lo que da lugar a profundas percepciones y avances personales que pueden revolucionar sus vidas. En última instancia, la limpieza de nuestro subconsciente a través de la meditación kundalini nos permite desvelar el plano de nosotros mismos con una claridad y un propósito recién descubiertos.

8. Fomenta la auto-conciencia

Con el tiempo, esta práctica meditativa también fomenta la auto-conciencia. Las personas que la practican pueden observar los cambios que se producen en su conciencia interior. Esto conduce a una mayor comprensión de uno mismo, que puede ser un maravilloso viaje de crecimiento y comprensión. A medida que un individuo se vuelve cada vez más consciente de su funcionamiento interno y adquiere una mayor comprensión de su comportamiento y sus efectos en el mundo que le rodea, puede tomar decisiones que mejoren tanto su vida como la de aquellos con los que la comparte. Por lo tanto, la meditación kundalini es realmente un regalo valioso al promover la autoconciencia y la salud general del cuerpo y la mente.

9. Regula las emociones

Practicar kundalini puede ayudar a entenderse mejor a uno mismo, es decir, a comprender mejor nuestras sensaciones físicas y emociones. Con este conocimiento, resulta más fácil identificar, comprender y procesar los sentimientos negativos sin dejar que tomen el control. La claridad mental alcanzada por el kundalini permite una perspectiva que puede ayudar a calmar la mente y ganar control sobre los pensamientos erráticos o las compulsiones. Cultiva eficazmente la paciencia, la comprensión, la aceptación de uno mismo y una mayor estabilidad emocional, lo que conduce a mejores relaciones. En otras palabras, una práctica regular de kundalini promueve la atención a los sentimientos y respuestas inteligentes que son beneficiosas para todos los involucrados.

10. Mejora de la salud en general

La práctica regular de la meditación puede mejorar el bienestar físico, mental y emocional, ya que la mente se vuelve más tranquila, los niveles de estrés disminuyen y aumenta la confianza en uno mismo. Las personas que lo han adoptado en su rutina han reportado tener mejores funciones cognitivas y mejores respuestas a las enfermedades relacionadas con la inflamación, como la artritis y el lupus. La práctica de kundalini también libera energía de varias partes del cerebro, lo que mejora la salud en general. Permite a una persona mantenerse motivada y proactiva mientras se fija objetivos y trabaja para alcanzarlos. Por lo tanto, esta forma de meditación puede ayudar a cualquier persona a crear un estilo de vida saludable en general que promueva el bienestar a largo plazo.

Instrucciones paso a paso para la meditación kundalini

Es sorprendentemente fácil de empezar, pero como la mayoría de las cosas buenas de la vida, requiere compromiso y dedicación para fomentar todo su potencial. Al reservar un tiempo cada día para la práctica, se puede disfrutar de los innumerables beneficios de esta antigua práctica, desde la mejora de la claridad emocional y una mayor conciencia de sí mismo a una mayor intuición y presencia espiritual. La síntesis del trabajo con la respiración, los mantras y las posturas con la conciencia hacia la sabiduría interior crea una experiencia enriquecedora que fomenta la transformación holística tanto hacia dentro como hacia fuera. He aquí los pasos básicos para empezar:

1. Establezca la intención

Establecer una intención para su meditación kundalini puede ayudarle a centrarse en sus objetivos y aportar más claridad a su práctica. Comience por aquietar su mente y respirar profundamente unas cuantas veces. Por último, tómese un tiempo para reflexionar con el corazón y la mente abiertos, para determinar lo que quiere obtener de la meditación. Determine cómo quiere crecer a partir de la experiencia y establezca intenciones claras con respecto a lo que pretende espiritual, mental, emocional o físicamente. Especifique por qué su intención es importante para su vida. Con una base sólida y afirmaciones positivas añadidas a la mezcla, una meditación kundalini inmersa en la intención puede remodelar su mentalidad y alterar su perspectiva. A través de esta poderosa práctica, experimente una conexión más profunda entre usted y el reino cósmico.

2. Elija una postura de meditación

Cuando elija una postura de meditación, elija una que apoye su cuerpo y le permita estar cómodo durante un período prolongado. Tradicionalmente, esto se hace en una posición sentada, como en el suelo, en un cojín o en una silla. Supongamos que alguna limitación física le dificulta sentarse durante largos periodos. En ese caso, también hay posturas tumbadas que se utilizan en la meditación kundalini. Lo más importante es encontrar la postura que permita que la espalda y el cuello tengan un apoyo uniforme para que los músculos no se cansen durante la meditación. Cualquier postura que elija le ayudará a sentar las bases para la paz y la quietud mientras se abre a la energía kundalini dentro de su cuerpo.

3. Concéntrese en su respiración

Centrarse en su respiración mientras medita con técnicas de kundalini reducirá el estrés y el trauma psicológico, mientras que también le conecta con su ser espiritual o superior de manera efectiva. Cuando se concentre en su respiración durante la meditación kundalini, preste atención a la profundidad y duración de cada inhalación y exhalación. Esta atención plena permite a los practicantes crear un espacio de reflexión dentro de sí mismos, dándoles acceso a su verdadero potencial al despertar sus energías internas. Con la práctica, cualquier individuo puede conectar profundamente con la energía kundalini a través de la respiración consciente durante la meditación kundalini.

4. Conecte con lo divino

Al conectarnos con lo divino, podemos ir más allá de nuestros pensamientos cotidianos y entrar en un estado de conocimiento, comprensión y paz que puede ser difícil de encontrar en nuestras caóticas vidas modernas. Podemos acceder a este nivel especial de conciencia a través de la meditación kundalini, cantando mantras y concentrándonos en ciertas partes del cuerpo para crear más equilibrio en nuestro flujo de energía. Una vez que conectamos con lo divino, nos da el valor para afrontar cualquier reto que se nos presente y la capacidad de una gran paz interior. Ya sea que busque una manera de reducir la ansiedad o busque el crecimiento espiritual, la conexión con lo divino a través de la meditación kundalini le dará una base sólida para comenzar su viaje.

5. No fuerce la meditación

La meditación kundalini nunca debe ser forzada. Diferentes personas experimentarán esta forma de meditación en formas distintas y únicas, por lo que es crucial para mantener la mente abierta y no esperar un resultado particular. A medida que los practicantes adquieren más experiencia con la técnica, es probable que desarrollen aún más sus habilidades y perfeccionen el proceso de meditación según sea necesario. Es esencial dar tiempo al cuerpo y a la mente para que se adapten durante cada sesión, ya que algunas formas de kundalini pueden ser muy intensas. Practique solo con un profesor con experiencia y conocimientos sobre una forma de meditación tan intrincada. Cuando se hace correctamente, esta meditación puede llegar a ser increíblemente poderosa y mover la energía a través de sus chakras como ninguna otra.

6. Utilice mantras y mudras

Encontrar la paz interior y el equilibrio puede ser un reto para muchos en el agitado y estresante mundo de hoy. La meditación kundalini puede ser una herramienta eficaz para ayudarnos a alcanzar esta tranquilidad. El uso de mantras y mudras profundizará la experiencia y conducirá a una transformación profunda. Los mantras son cánticos que ayudan a aumentar nuestra conciencia, mientras que los mudras son gestos específicos de las manos para enfocar la mente, ayudar a la concentración y aportar mayor claridad. Combinados con las posturas tradicionales de yoga, producen un efecto aún mayor, animando a la mente y al cuerpo a abrirse más profundamente y a cultivar una atmósfera serena propicia para alcanzar un equilibrio duradero.

7. Termine la sesión con gratitud

Una forma de aprovechar al máximo la meditación kundalini es terminar la sesión con gratitud. Piense en lo que le ha aportado esta experiencia única, tal vez una sensación de paz o una percepción de sí mismo, y dé gracias por ello. Deje que la gratitud impregne su mente y su cuerpo al terminar la sesión de meditación, y lleve la energía positiva a su vida diaria. Cuanto más practique, más consistentes y poderosos serán sus efectos. La clave es permanecer abierto y dispuesto a experimentar algo nuevo cada vez que practique la meditación kundalini.

Consejos para mejorar su experiencia de meditación kundalini

Descubrir una sensación intensificada de tranquilidad y conciencia a través de una práctica de meditación kundalini puede ser increíblemente gratificante. Con la práctica, cualquier persona puede utilizarla para desprenderse de las preocupaciones mundanas y obtener una visión de sus pensamientos y emociones más íntimos. Tener la mente abierta y centrarse en la práctica, no solo durante las sesiones de meditación, sino en la vida diaria, será la forma más beneficiosa de progresar con esta forma de meditación. Estos son algunos consejos para ayudarle a sacar el máximo provecho de su experiencia de meditación kundalini.

1. Cree un espacio sagrado

Crear un espacio sagrado para la meditación kundalini es una forma excelente de mejorar su experiencia y sacar el máximo provecho de la práctica. Esto podría implicar traer elementos y artículos tales como incienso, música relajante, velas, sillas de yoga o almohadas, aceites esenciales, y mucho más. Hacer esto con antelación le ayudará a relajarse en su sesión de kundalini, mejorando la concentración y la atención al tiempo que fomenta un estado más profundo de tranquilidad. Incorporar objetos personales como fotos o tótems también puede ser beneficioso para ayudar a crear una atmósfera confortable que resuene con sus necesidades espirituales. En última instancia, tener este espacio dedicado que le permite hacer una pausa y reflexionar sin distracciones, es clave para cultivar un viaje positivo a través de la meditación kundalini.

2. Use ropa cómoda

Para sacar el máximo partido de una experiencia espiritual profunda, lleve ropa cómoda y sin restricciones. La ropa también debe proporcionar cierta cobertura si se está tumbado en el suelo, ya que durante la meditación kundalini puede ser necesario adoptar posturas reveladoras. Optar por tejidos holgados y transpirables, como el algodón orgánico o el cáñamo, y por prendas en capas que puedan añadirse o quitarse fácilmente, son excelentes opciones para explorar la meditación kundalini. Asegúrese de que la comodidad es lo primero, permitirá a los meditadores permanecer centrados en los muchos beneficios mentales y espirituales de esta experiencia transformadora de la vida.

3. Practique a la misma hora todos los días

La práctica regular y constante de kundalini es uno de los aspectos más cruciales para mejorar su experiencia de meditación. Practicar a la misma hora todos los días le dará estructura, estabilidad y calidad a sus meditaciones. Cuando su cuerpo aprende el hábito diario, eventualmente entra en un estado de trance de meditación más fácil y rápidamente. Cuando se practica de forma relajada a la misma hora cada día, se crea el impulso para niveles de concentración más profundos y una transformación mejorada a través de la conexión con el espíritu. Establecer una práctica de kundalini como parte de una rutina diaria ayuda a promover el bienestar emocional para aquellos que buscan la paz, la curación y la alegría.

4. Incorpore aceites esenciales

La incorporación de aceites esenciales durante la práctica de la meditación kundalini puede ser una manera encantadora y serena de mejorar su experiencia. Los aceites esenciales se han utilizado durante siglos en ceremonias espirituales y curativas, y sus propiedades aromáticas pueden influir en su intención y enfoque mental. También pueden abrir los centros chakras del cuerpo, que son clave para desbloquear la energía kundalini. Empiece añadiendo unas gotas de aceites esenciales como el incienso, la lavanda o la albahaca a un difusor, o utilícelos tópicamente aplicándolos alrededor del corazón, la garganta y la parte inferior de las cejas con ligeros masajes. Descubra cómo los aceites esenciales pueden transportarle a estados más profundos de meditación y ampliar su conexión con el mundo espiritual.

5. Visualice un objetivo

Con las visualizaciones e imágenes adecuadas, puede mejorar su experiencia. Tener una imagen clara de lo que quiere conseguir a través de la meditación puede ayudarle a mantenerse concentrado durante la práctica y a crear una relajación más profunda en su interior. Al visualizar el resultado que desea obtener de su viaje de meditación, ya sea sentirse tranquilo, conectado con la naturaleza o liberado del estrés, su mente estará aún más en sintonía con los efectos de las meditaciones respiratorias, los mantras y otros ejercicios espirituales. Reconocer los resultados deseados durante una sesión puede ponerte en control de su camino hacia la realización. Aférrese a la meta para que su viaje sea más exitoso con cada práctica.

6. Diario de reflexiones

Mejorar su experiencia de meditación kundalini puede ser difícil. Sin embargo, llevar un diario de reflexiones sobre su práctica de meditación puede ayudarle a cuantificar y realizar un seguimiento de las mejoras. Reflexionar sobre el tiempo dedicado a la meditación le permite comprender mejor las sensaciones experimentadas y aumentar su comprensión de lo que está ocurriendo durante la práctica. Puede servir de motivación para profundizar y continuar con la práctica y revelar dónde es necesario realizar modificaciones. Llevar un diario con regularidad permite conectar con las verdades internas y desbloquear nuevos reinos espirituales que de otro modo serían inaccesibles.

7. Practique la meditación en la naturaleza

Muchas personas no se dan cuenta de que el entorno en el que se practica la meditación tiene mucho que ver con los efectos positivos que pueden experimentar. La meditación kundalini hecha en la naturaleza puede ser particularmente mejorada debido a la energía natural presente en los ambientes al aire libre. Practicar al aire libre permite a los practicantes conectar directamente con su interior y beneficiarse de la energía curativa de la madre naturaleza. La exposición al aire fresco, el sol, las plantas y los animales también puede tener muchos beneficios fisiológicos, como la mejora del sistema inmunitario y la reducción de la fatiga. Así que, para aquellos que quieran mejorar su práctica de la meditación, vale la pena considerar la posibilidad de estar en contacto con la naturaleza.

La meditación kundalini es una práctica ancestral que tiene el potencial de producir una gran transformación y curación en aquellos que están dispuestos a comprometerse con su práctica. A través de la práctica regular, uno puede experimentar una profunda transformación espiritual y desbloquear todo su potencial. Usted puede tomar su práctica de meditación kundalini al siguiente nivel con consejos sencillos, como la incorporación de aceites esenciales, la visualización de un objetivo, diario de reflexiones, y la práctica en la naturaleza. Con esfuerzo y dedicación constantes, cualquiera puede experimentar los beneficios potenciales de esta poderosa práctica meditativa.

Capítulo 7: Arambha, el despertar de la raíz

A medida que avanzamos por el camino del despertar espiritual de la serpiente, podemos observar cómo la energía kundalini se eleva para abrir y limpiar cada uno de los muchos chakras que recubren nuestra columna vertebral. Este es un proceso a menudo comparado con mucho simbolismo y fuerza incrustados en él. El término "kundalini" también puede traducirse como "el rizo del mechón de pelo de la amada" y representa el poder creativo en toda conciencia. Una comprensión profunda de este viaje de transformación está llena de revelaciones que nos llevan a lugares más profundos dentro de nosotros mismos, trayendo conciencia tanto de nuevas posibilidades como de antiguas verdades.

Este capítulo de la guía de kundalini yoga introduce y guía a través de la primera etapa del despertar de la kundalini, arambha. Aquí, discutiremos lo que sucede durante esta etapa, qué chakras se ven afectados, cómo pueden afectar su vida, y los nudos desatados. Luego presentaremos instrucciones simples paso a paso para algunas kriyas y secuencias que apuntan a la estimulación de esta etapa, así como algunas posturas de equilibrio y prácticas de pranayama para apoyar este proceso. Finalmente, concluiremos con algunas meditaciones para integrar toda esta experiencia.

La primera etapa del despertar de la kundalini

Arambha, o la primera fase del proceso de despertar de la kundalini, es una experiencia profundamente emocional y transformadora. Esta fase inicial es milagrosa, ya que pone en marcha un viaje introspectivo que altera la vida. A nivel energético, comienza un proceso de purificación y reajuste de las energías sutiles del cuerpo. Durante el arambha, la persona puede sentir un calor penetrante que recorre su cuerpo, como si su chi despertara de su estado latente. A medida que esta oleada de energía aumenta, puede experimentarse dolor físico al liberarse las tensiones de lo más profundo del cuerpo. Durante esta etapa, es esencial mantener el equilibrio y no excederse más allá de lo cómodo. La práctica del amor a uno mismo y el desapego a menudo puede proporcionar apoyo para navegar a través de este profundo viaje para encontrar la alegría en la metamorfosis sagrada.

A. Qué ocurre durante arambha

Arambha es la primera etapa del proceso de despertar de la kundalini e implica un proceso de profunda transformación. Las energías más profundas que yacen dormidas en un individuo se despiertan debido al aumento de la actividad espiritual. El poder de este intercambio libera bloqueos energéticos dentro del cuerpo, permitiendo que el amor puro e incondicional nos eleve más allá de las limitaciones hacia estados superiores de conciencia. Durante el arambha suelen producirse varios fenómenos, como el conocimiento intuitivo o estados alterados de conciencia mental, emocional y física. En algunos casos, incluso pueden entrar en juego habilidades psíquicas como la clarividencia o los poderes curativos. Arambha es una experiencia increíblemente transformadora que permite viajar sublimemente hacia la conciencia cósmica.

B. Chakras afectados y sus efectos

Nuestros chakras se ven afectados durante arambha (la primera etapa del despertar de kundalini). Cada uno de los siete chakras principales se activa, se energiza y se equilibra a medida que progresamos en este viaje espiritual. Nuestro chakra raíz está relacionado con la sensación de seguridad y de estar enraizado. A medida que se cura y se abre, empezamos a sentirnos más seguros dentro de nosotros mismos y a conectar más profundamente con el mundo físico que nos rodea. Nuestro chakra sacro se ocupa de nuestra inteligencia emocional, sensualidad y creatividad, y nos ayuda a ser conscientes del propósito de nuestra vida.

La curación de este chakra aumenta la intuición y el cuidado de uno mismo y de los demás, al tiempo que disminuye cualquier apego que nos haya impedido alcanzar nuestro verdadero potencial.

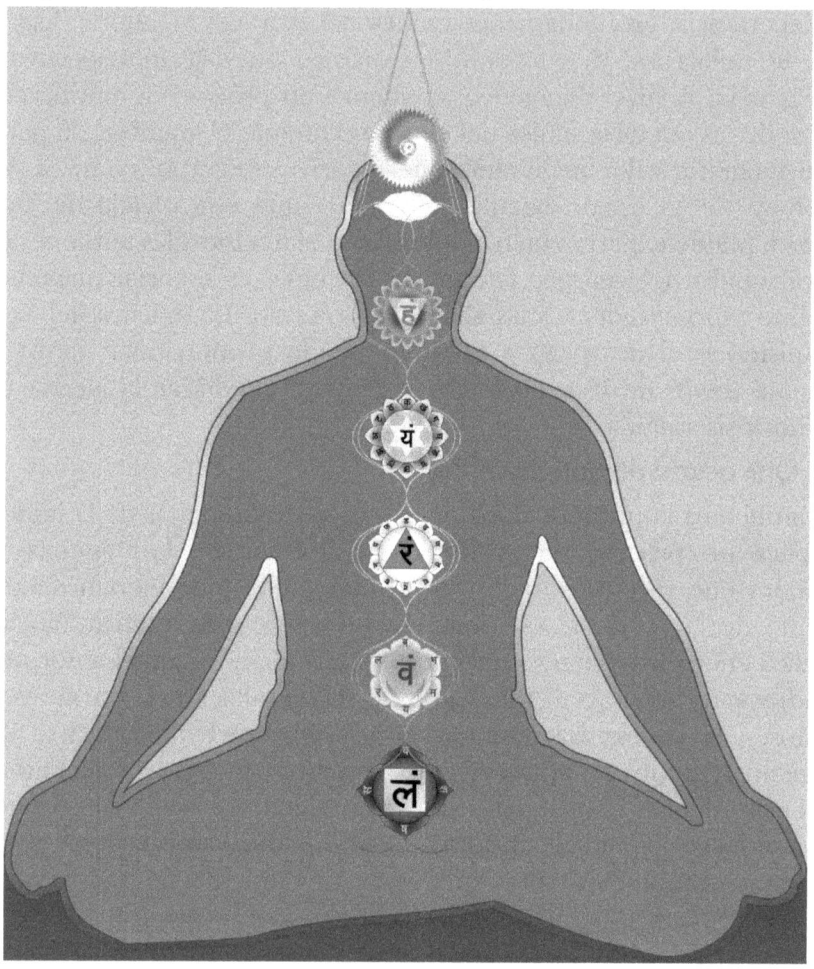

Todos los chakras se ven influidos durante arambha [28]

Nuestro plexo solar alberga gran parte de nuestras motivaciones, determinación, poder, influencia sobre los demás e incluso identidad personal. La claridad mental aumenta cuando la energía vuelve a fluir por aquí, lo que permite confiar firmemente en las propias decisiones. Esto puede ser un poderoso motivador para hacer cosas que deseamos o que nuestra alma anhela para sí misma en términos de aumentar la espiritualidad. En conjunto, estas energías despiertas trabajan juntas para rejuvenecer holísticamente cada aspecto de la vida cotidiana, desde el bienestar físico hasta la estabilidad emocional.

C. Desatar los nudos

Muchos conceptos yóguicos y espirituales crean la idea de nudos o errores simbólicos en las funciones del cerebro que nos impiden comprender nuestra verdadera naturaleza. "Desatar los nudos" es una metáfora de la iluminación relacionada con la primera etapa del despertar del kundalini. En esta etapa, aprendemos a fomentar la conciencia de lo que nos ha estado impidiendo reconectar con el yo primigenio que reside en lo más profundo de nuestras almas. Nos enseña a identificar y desechar cualquier karma, carga emocional o patrón que nos impida vivir la vida de forma más consciente. Al soltar nuestro apego a todas las cosas mentales y externas, podemos acceder a la fuerza y el conocimiento interiores, lo que nos proporciona la liberación a través de la autoiluminación. Cuando una persona alcanza arambha y comienza a desatar sus nudos, se está dedicando a un profundo viaje espiritual hacia la verdad más elevada de cada individuo.

Kriyas y secuencias

Un aspecto crucial a considerar durante arambha son las kriyas y las secuencias. Las kriyas son movimientos físicos que pueden realizarse con ritmo o con gracia, según la preferencia de la persona. Pueden ir desde simples movimientos rítmicos de los brazos hasta movimientos corporales más complicados similares a una danza. Mientras se ejecuta cada kriya, hay que ser consciente de cómo la respiración se conecta a ella y cómo afecta al bienestar general. Las secuencias también aportan claridad y concentración a la práctica del practicante al ayudarle a ser más consciente de los aspectos sutiles de su práctica física, como la respiración, la calma de los pensamientos y las posturas. Las kriyas y secuencias durante arambha juegan un papel integral en facilitar el viaje del individuo hacia el despertar de la kundalini.

A. Kriya simple basada en la respiración usando pranayama

Si usted es un principiante o un yogui experimentado, simplemente kriya basado en la respiración utilizando pranayama durante la primera etapa del despertar de kundalini puede llevar su práctica al siguiente nivel. Pranayama es la antigua práctica yóguica de regular la respiración y aumentar el prana, que a menudo se conoce como la fuerza vital en el yoga. Combinar el pranayama con la meditación guiada puede centrar la mente y el cuerpo en un estado de conciencia superior para poder aprovechar el poder de kundalini y experimentar sus beneficios curativos.

La práctica regular de kriya durante arambha le ayudará a desarrollar nuevos niveles de claridad mental, autoconciencia y discernimiento espiritual, que se pueden llevar a todas las áreas de la vida y traer un mayor crecimiento personal.

B. Secuencia de activación de los chakras con mantra

Una secuencia de activación de chakras combinada con un mantra es una estrategia excelente para maximizar el potencial de la etapa arambha y evitar que la energía se bloquee. Durante este ejercicio, debe centrarse en cada chakra mientras visualiza las energías y repite afirmaciones para abrir sus centros energéticos y crear un flujo suave y equilibrado de energía universal por todo el cuerpo. Esta técnica no solo le ayudará a aprovechar mejor el potencial de su despertar kundalini, sino que también puede proporcionarle una mayor comprensión del poder de su centro y ofrecerle orientación espiritual a medida que avanza por todas las etapas del despertar.

C. Kundalini mudra para activar el poder de la serpiente

Practicar el kundalini mudra es una antigua práctica tántrica india diseñada para despertar la energía kundalini. Por lo tanto, se utiliza para activar el poder de la serpiente durante arambha. Implica el uso de posturas de manos y cuerpo, junto con una técnica de respiración específica. La realización regular de esta práctica puede elevar sus vibraciones y energías que, finalmente, causan la iluminación. Esta práctica de meditación permite a la persona tomar conciencia de su divinidad interior y comprender mejor su potencial. Esto crea una sensación de equilibrio en la vida que aumenta la vitalidad y el bienestar. Los practicantes a menudo afirman que experimentan una mayor percepción de una comprensión más profunda de sí mismos, junto con una mayor conexión interna. En general, la práctica de kundalini mudra proporciona beneficios físicos y espirituales esenciales para vivir una vida sana.

Asanas de equilibrio

Una de las partes más significativas de arambha es aprender a incluir asanas en su práctica para promover la quietud, el enraizamiento y la concentración. Las asanas de equilibrio utilizan el concepto de contrapesos para encontrar la estabilidad tanto física como mental. A medida que los practicantes se sienten más cómodos con cada postura, pueden aprender a ser conscientes y estables mientras amplían los límites del cuerpo. Recuerde que todas las prácticas deben adaptarse específicamente a cada individuo. Las asanas de equilibrio deben realizarse con suavidad y respeto por uno mismo y sus capacidades. Arambha puede acercarte a encontrar la armonía dentro de sí mismo y abrazar la alineación entre la mente, el cuerpo y el alma.

1. Saludo al sol para el equilibrio y la renovación

Arambha es el momento perfecto para restablecer y recargar, así como para mirar hacia adentro y encontrar el equilibrio. Los saludos al sol son una gran manera de lograr una renovación equilibrada durante este tiempo. Esta popular práctica de yoga se realiza tradicionalmente al amanecer o justo antes de realizar cualquier actividad física extenuante. Esta práctica nos permite centrarnos y volver a alinearnos con nuestra verdadera intención para sentirnos profundamente renovados y equilibrados. Estos saludos fortalecen nuestro cuerpo mientras estamos profundamente conectados con cada respiración, ayudándonos a centrarnos en la mejora progresiva mental y física. Incluyen mantras que sirven tanto para revigorizar como para calmar aún más la mente de todas nuestras tensiones diarias

2. Postura del cadáver para centrar y equilibrar la mente

La postura del cadáver es una posición importante que los practicantes de yoga de todos los niveles utilizan para centrar y equilibrar la mente. Es un momento para hacer una pausa durante la práctica y prestar atención a las sensaciones presentes en el cuerpo. Muchas personas consideran que la postura del cadáver es una de las más difíciles, ya que requiere una quietud total durante un período prolongado. Hay que hacer un esfuerzo consciente para relajar todos los grupos musculares, de la cabeza a los pies, liberando la tensión tanto de la mente como del cuerpo. Cuando esta postura se practica correctamente, proporciona claridad, ayuda a sanar a nivel físico y emocional y permite comprender cómo fluye naturalmente la energía por el cuerpo. La postura del cadáver se utiliza a menudo al principio y al final de las clases de yoga, pero puede hacer maravillas si le dedicamos más atención, incluso solo cinco minutos cuando sea necesario a lo largo del día, para volver a centrar y equilibrar la mente que tan fácilmente sucumbe a los factores estresantes de nuestras vidas.

3. Posturas sentadas para liberar la tensión

Antes de empezar cualquier sesión de yoga, tómese un momento para relajarse y liberar cualquier tensión acumulada. Las posturas sentadas son algunas de las mejores para hacerlo al comienzo de la práctica. En posturas sentadas como baddhakonasana (la postura del zapatero) y vajrasana (la postura del rayo), puede abrir suavemente las caderas y relajar los músculos abdominales. También puede utilizar accesorios como bloques o mantas para hacer la postura más cómoda si tiene rigidez en la zona de la cadera. Inspirar profundamente de forma consciente durante estas posturas puede relajar aún más el cuerpo y mejorar la capacidad de adoptar otras posturas con mayor eficacia. Cuando se centra en la liberación de la tensión física, el establecimiento de una intención también le ayuda a mantenerse enfocado en ese objetivo durante arambha.

4. Inversiones para conectar con su yo interior

Arambha es una práctica que puede verse como una invitación a conectar con nuestro yo interior y crecer a través de la aceptación del cambio. Las inversiones son esenciales para esta práctica, ya que pueden aportar una comprensión más profunda de uno mismo y permiten trabajar cualquier emoción desafiante que pueda surgir. Invertir el cuerpo es una forma poderosa de aportar claridad y centrarse, lo que en última instancia nos permite transformar la forma en que experimentamos cada momento, crear una intención consciente y manifestar una mayor alegría en nuestras vidas. Con la práctica regular, las inversiones pueden convertirse en un proceso en constante expansión de conexión y liberación dentro de nosotros mismos.

5. Torsiones vertebrales para reequilibrar los chakras

Las torsiones vertebrales pueden realizarse al principio de arambha para reequilibrar los chakras. Empezando en la zona del sacro, gira la parte superior del cuerpo, manteniendo las caderas y la pelvis hacia delante. Así será consciente de los poderes que subyacen, sostienen y nutren su cuerpo desde la base. Suba por las vértebras, girando cada segmento hasta llegar a la C6. Sienta la apertura entre cada segmento de la columna vertebral mientras se mueve con gracia en un movimiento fluido. A medida que se gire más profundamente en cada movimiento, la fusión de la respiración con la energía de la fuente espiritual para conectar más profundamente en el interior, habrá momentos en que esta conexión es palpable. Debe modificar su conciencia mental para centrarse en esa apertura y expansión mientras se aprovecha ese poder en la forma física. El flujo de energía se ha reequilibrado. Está listo para empezar el día de nuevo.

Prácticas de pranayama para la activación de kundalini

Las prácticas de pranayama se recomiendan a menudo para aquellos que buscan activar su energía kundalini. Pranayama es un tipo de yoga centrado en la respiración, y puesto que la respiración es la energía cósmica que sostiene la vida, es natural que el uso de técnicas específicas de respiración para acceder a la energía interna, latente puede ser beneficioso. Cuando se practica con regularidad, el pranayama puede ayudar a ser más sensible a los campos de energía sutil, como los chakras, que se consideran responsables de la activación de kundalini. Además, las respiraciones profundas, lentas y conscientes calman la mente a la vez que liberan toxinas del cuerpo. Esto despeja los obstáculos que impiden la activación de kundalini.

1. Respiración rítmica para la conexión interior

Arambha, el comienzo de algo nuevo, puede ser aún más poderoso con un poco de respiración rítmica. Tómese solo 10 o 15 segundos para respirar profundamente y exhalar lentamente, esto permitirá que su cuerpo se conecte internamente con la parte de él que está lista para el cambio. Esta conexión interior le aportará fuerza y concentración, ayudándole a alcanzar metas que antes eran imposibles. Sintonice consigo mismo a través de la respiración rítmica al iniciar este nuevo viaje y coseche las recompensas.

2. Ujjayi pranayama para abrir el chakra de la garganta

Ujjayi pranayama es una gran manera de abrir el chakra de la garganta durante arambha. Esta técnica de respiración de yoga implica una inhalación y exhalación baja y constante que fluye desde el centro del pecho. Favorece la relajación, elimina el estancamiento energético del cuerpo y despeja la tensión residual y los bloqueos del cuerpo y la mente. El sonido generado en ujjayi pranayama, que procede de lo más profundo de la garganta, ayuda a relajarse mientras se practica arambha, al tiempo que fortalece el sistema cardiovascular y ayuda a comunicarse con claridad y a resolver problemas. Dado que este tipo de respiración se centra en la conciencia del flujo respiratorio, fomenta la armonía entre la respiración y el movimiento físico a lo largo de cada iteración. Por lo tanto, ujjayi pranayama puede ser muy útil para abrir el chakra de la garganta durante arambha, ayudándonos a equilibrar la intrepidez de decir nuestra verdad con la vulnerabilidad que requiere.

3. Bhastrika para estimular el sistema nervioso

Ejecutar bhastrika pranayama es una forma eficaz de estimular el sistema nervioso. Esta antigua práctica de respiración rítmica aumenta los niveles de oxígeno, potencia la energía y calma la mente y el cuerpo. Durante el bhastrika, el ciclo de inhalación y exhalación debe realizarse con intención y concentración, ya que se utilizan para enviar energía curativa a todo el cuerpo. Es beneficioso cuando se practica lentamente durante arambha porque tiene un efecto calmante que relaja los músculos tensos para que pueda disfrutar de todos los beneficios de las sesiones. Esta práctica también puede eliminar las toxinas de los órganos internos y limpiar el torrente sanguíneo. ¡Hacer bhastrika parte de su rutina de meditación kundalini es una manera maravillosa de recibir mejor sus efectos terapéuticos!

4. Sitali pranayama para calmar la mente

Sitali pranayama es un ejercicio útil y calmante que se puede utilizar durante las primeras etapas de yoga. Sitali pranayama comienza con inhalaciones y exhalaciones profundas, curvando la lengua y enrollándola y desenrollándola suavemente mientras se respira a través de ella. Otra parte de este ejercicio consiste en beber sorbos con la lengua curvada, como si se bebiera agua de una cuchara o se intentará imitar la acción de sorber algo. Este ejercicio abre y calma el cuerpo, mejorando otras prácticas como la meditación. Envía a los estados físico y mental el mensaje de que todo está a salvo en el entorno, por lo que no hay necesidad de alarmarse ni preocuparse por perturbaciones externas. En conjunto, imparte una sensación de claridad y equilibrio, por lo que es increíblemente útil durante arambha cuando se trata de alcanzar un estado meditativo o desengancharse de la tensión y el estrés que puedan existir en el momento presente.

5. Brahmari pranayama para una relajación profunda

Arambha puede ser una época estresante para muchos practicantes de yoga, especialmente para los que acaban de empezar. Es por eso que la relajación profunda es tan importante durante este período. Una práctica beneficiosa para emplear es brahmari pranayama, o zumbido de la respiración de abeja. Este ejercicio de respiración aquieta la mente y lleva la atención a la respiración. También tiene numerosos beneficios para la salud, como reducir los niveles de estrés, mejorar los patrones de sueño y calmar el sistema nervioso central. El zumbido que se produce durante la práctica puede ser increíblemente relajante y crear una sensación de quietud en el cuerpo y la mente. La práctica regular de brahmari pranayama durante arambha puede cultivar una mayor paz, tranquilidad y relajación profunda a través de todas las etapas de su viaje de yoga.

Cierre de la práctica

Cuando llegue al final de la práctica, permítase unos momentos para reflexionar sobre lo que ha logrado durante la sesión. Deje que aflore cualquier emoción o sentimiento y tome nota de ellos sin juzgarlos. Observe cómo se siente física y mentalmente, y dé las gracias por las lecciones aprendidas a lo largo de este viaje. Pase los últimos minutos en quietud, permitiendo que la práctica se asiente por completo, y luego abra lentamente los ojos.

En este punto, ha iniciado con éxito la primera etapa del despertar de kundalini, ¡arambha! A través de una combinación de ejercicios de respiración, métodos de pranayama y posturas de yoga restaurativo, has iniciado el viaje hacia el crecimiento espiritual y el autoconocimiento. Con la práctica regular de estas técnicas, puede continuar abriendo y desarrollando los chakras activados durante su viaje.

El conocimiento y la comprensión adquiridos a lo largo del proceso son herramientas inestimables para su crecimiento espiritual, así que tómese su tiempo para reflexionar sobre todo lo que ha aprendido. Disfrute de esta nueva conciencia y seguir explorando las profundidades de su universo interior a medida que viaja a lo largo del camino del kundalini yoga. ¡Namaste!

Capítulo 8: Ghata - Desbloqueando el chakra del corazón

La siguiente etapa en el viaje de kundalini yoga se llama ghata, o "la etapa de limpieza". Esta fase sigue a arambha y es un paso crucial hacia un mayor crecimiento espiritual. Durante esta etapa, los practicantes asumen una actitud de recibir grandes cantidades de transformación y sanación en todos los niveles para entrar en sus cuerpos. Completar la fase ghata requiere paciencia, dedicación, coraje y, sobre todo, un corazón y una mente abiertos. Con todo ello, encontrará la unidad en sí mismo y en su entorno y el valor para seguir explorando el camino espiritual.

Este capítulo proporcionará una visión general de los diversos aspectos de ghata y cómo utilizar el kundalini yoga para alcanzar esta etapa. Se explicará lo que sucede durante ghata, los chakras afectados y sus efectos, y las kriyas y secuencias para alcanzar esta etapa. También se discutirán las prácticas de asanas y pranayama para ghata, así como la forma de cerrar la práctica. La información de este capítulo pretende ser una introducción y una comprensión general de la fase ghata.

Ghata: La etapa de limpieza

La antigua práctica del despertar de kundalini ha ido ganando popularidad lentamente en los círculos espirituales modernos. La etapa de limpieza de este proceso, a menudo llamada ghata, es un paso esencial para despertar su sabiduría y poder internos. Ghata consiste en purificar el cuerpo y la mente para preparar la ascensión de la energía que tiene lugar dentro del cuerpo. Esto incluye ejercicios de respiración profunda, cantar mantras, limpiar la mente de pensamientos negativos y ejercicios de visualización. Una vez completada la fase de limpieza, puede comenzar realmente el viaje hacia la fuerza espiritual. Ghata es vital para despertar su energía kundalini y no debe faltar en muchos caminos hacia la iluminación.

A. Qué sucede durante ghata

La energía kundalini comienza a elevarse a través de los siete chakras, y las viejas creencias y los hábitos poco saludables se eliminan a medida que avanza. Esto puede causar diversos efectos físicos y mentales, desde sensaciones de hormigueo por todo el cuerpo hasta oleadas de emociones intensas. Las personas suelen experimentar una mayor conciencia de sí mismas durante este periodo, lo que les permite comprender mejor sus pensamientos y sentimientos. Aunque ghata puede resultar incómodo al principio, trabajarlo con conciencia plena proporciona una gran claridad y comprensión, un elemento clave en el camino del crecimiento espiritual.

B. Chakras afectados y sus efectos

Ghata, o la etapa de limpieza del despertar de kundalini, puede afectar a cada uno de los siete chakras del cuerpo. El chakra raíz, en la base de la columna vertebral, se limpia para abrirnos a abundante energía y apoyo. El chakra sacro se limpia para lograr una apertura emocional y un flujo creativo adecuado. El chakra del plexo solar se purifica para permitirnos una confianza y determinación inquebrantables.

El chakra del corazón se ilumina para crear en nosotros un amor y una empatía poderosos. El chakra de la garganta se abre, aumentando la comunicación y la expresión honesta de uno mismo. Por último, el chakra del tercer ojo gana claridad, generando una mayor intuición junto con un enfoque mental más agudo, mientras que el chakra de la coronilla se conecta más con lo divino, permitiendo el despertar espiritual. Durante ghata, todos los chakras se ven afectados, creando un equilibrio interior y manifestando un gran crecimiento y sabiduría en nuestro interior.

C. Desatar los nudos

Disolver los nudos de energía a través de ghata es un proceso crítico en la activación de kundalini. Crea un efecto dominó en todo el cuerpo y el alma, haciendo que nuestro flujo natural de energía se descongestione sustancialmente. Esto puede crear una poderosa sensación de conciencia y claridad, ya que los chakras pueden responder de una manera que antes no era posible. Las kriyas o prácticas utilizadas durante esta etapa desenrollan gradualmente estas energías fuertemente anudadas para despertar aún más la conciencia en un nivel superior. Esto puede beneficiar a varios aspectos de la vida, como el equilibrio emocional, el bienestar físico y el crecimiento espiritual. Además, desbloquea todo su potencial para que pueda emprender su verdadero camino hacia la plenitud con mayor claridad y vigor.

Kriyas y secuencias para la etapa ghata

En el yoga, la etapa ghata es una parte de la práctica que se centra en la activación e integración de los sistemas corporales. Algunas de las grandes herramientas para este trabajo son las kriyas y las secuencias. Las *kriyas* consisten en extender posturas con repeticiones o secuencias alternas. Estas secuencias combinan posturas de manera que, a medida que se avanza en ellas, se van creando capas de experiencia cada vez más profundas, desde un reto físico hasta una integración mental y física completa. Con la práctica regular de kriyas y secuencias, podemos desarrollar flexibilidad, fuerza, resistencia y concentración que nos ayuden a ir más allá de los límites de nuestro nivel actual de habilidad hacia algo totalmente nuevo.

1. Uddiyana bandha

Los practicantes de yoga a menudo utilizan el uddiyana bandha para eliminar la tensión física y la tirantez mientras se despejan los bloqueos mentales. Uddiyana bandha es la práctica de succionar el área del ombligo hacia adentro, hacia la columna vertebral. Este "enganche" de nuestros cuerpos crea un súbito torrente de energía, equilibrando el flujo dentro de nosotros y facilitando una mayor limpieza durante el despertar del kundalini. También genera calor interno y reduce la tensión en la zona abdominal mientras controlamos nuestra respiración mediante la inhalación y la exhalación conscientes. La práctica limpia nuestros sistemas más a fondo durante ghata, lo que permite una conexión aún más fuerte con nuestro yo más elevado cuando llegamos a la siguiente etapa en el despertar de kundalini.

2. Nauli

Nauli kriya es un poderoso ritual de limpieza comúnmente practicado en la etapa ghata del despertar de kundalini. Funciona para expulsar la energía estancada y las toxinas dentro del cuerpo, fomentando simultáneamente una nueva vitalidad. Mediante contracciones de los músculos abdominales, los practicantes pueden fortalecer el núcleo y los chakras sacros, permitiendo que la energía se mueva libremente por el sistema. Esto fomenta la claridad en el cuerpo físico y es una puerta de entrada a niveles más profundos de autoconciencia. Nauli kriya ofrece tanto liberación como transformación a medida que los participantes llegan a conocerse más profundamente, desencadenando una inmensa curación a nivel espiritual.

3. Agni sara

Ghata, la etapa de limpieza del despertar de la kundalini, a menudo puede ser un proceso que consume energía. Para ayudar a revitalizar su energía y acelerar el proceso de limpieza, muchos practicantes han recurrido a agni sara kriya. Este ejercicio de pranayama energizante limpia los órganos internos mientras trabaja los músculos abdominales centrales, estimulando la manifestación de la energía kundalini. Se recomienda comúnmente como una gran práctica para acompañar cualquier tipo de trabajo kundalini o meditación que pueda estar llevando a cabo. En última instancia, agni sara kriya es una herramienta maravillosa para cualquiera que busque maximizar su práctica de ghata y activar aún más todo su potencial espiritual.

4. Kumbhaka

Kumbhaka kriya es una poderosa práctica de meditación dirigida a limpiar cualquier bloqueo energético en el cuerpo, permitiendo un canal abierto y un mejor flujo de la energía de la fuerza vital. Durante esta etapa, concéntrese en los centros energéticos de su interior mientras contiene la respiración. También se centra en el prana, o fuerza vital, y su objetivo es aportar una energía fresca y vital a nuestro ser que ayude a crear claridad mental, conexión espiritual y un mayor bienestar general. Los practicantes suelen empezar con períodos más cortos de contención de la respiración para dominarla antes de intentar respiraciones más largas con práctica y dedicación. El objetivo es realizar respiraciones largas sin sentirse incómodo y, con el tiempo, progresar hacia estados aún más profundos de pranayama, que aportan mayor claridad y presencia.

5. Kapalabhati

La técnica kapalabhati permite afinar el prana, o energía vital, en todo el cuerpo. Este trabajo se realiza a través de un tipo especial de respiración conocida como kapalabhati pranayama. También llamada "respiración de la calavera brillante", elimina las toxinas del organismo y equilibra las energías del cuerpo. A medida que se produce este proceso, su bienestar físico y espiritual empezará a mejorar y a liberar bloqueos a lo largo de todas las vías energéticas, lo que permitirá un poderoso despertar de kundalini. Con la práctica continua, se sentirá espiritualmente vigorizado con cada inhalación y exhalación de la respiración, conectándose con la fuente divina dentro de usted.

Asanas para ghata

Las asanas son una serie de posturas y ejercicios de respiración diseñados también para limpiar la mente y el cuerpo. Esta etapa es el comienzo de un viaje hacia la unión con la energía de la fuente. Cada asana nos desintoxica a nivel físico y energético, empujando suavemente nuestras mentes y cuerpos hacia la armonía para que podamos movernos a través de cada bloqueo en nuestro proceso de transformación. Esta práctica de autoayuda calma el sistema nervioso y refuerza tanto la claridad mental como la resistencia emocional. Tras completar estos ejercicios, los practicantes suelen sentirse llenos de energía, en paz y profundamente centrados en sí mismos. Ghata se centra en crear un equilibrio entre el movimiento y la quietud para que se sienta restaurado a su verdadero estado de ser, una conexión elevada con la energía divina que trae más felicidad a los momentos difíciles de la vida.

1. Ustrasana

Ustrasana es una asana exigente que se centra en liberar la energía estancada almacenada involuntariamente en su cuerpo asociada con recuerdos no resueltos, emociones reprimidas y traumas. Esta asana se realiza tumbándose boca arriba, doblando la rodilla y acercándola al pecho mientras se levantan las caderas y se extienden los brazos hacia arriba. Ustrasana es un poderoso ejercicio que ayuda a despejar cualquier bloqueo en nuestras vías energéticas, permitiendo que fluya a través de nosotros una energía más pacífica.

Además de la limpieza energética, ustrasana proporciona la fuerza física obtenida del profundo estiramiento y fortalecimiento dentro de posturas como esta, que nos fortalece física y mentalmente para afrontar futuros retos. Para aquellos que buscan desbloquear el poder transformador del kundalini yoga, ustrasana para ghata puede ser un pilar fundamental de la práctica en un programa personalizado.

2. Bhujangasana

Practicar bhujangasana o "postura de la cobra" es una excelente manera de comenzar la etapa de ghata. Esta postura despierta y energiza la columna vertebral al tiempo que abre la energía bloqueada a lo largo de la columna. Favorece la plena expansión de la respiración en el cuerpo, lo que permite elevar la conciencia. Para adoptar la postura, túmbese boca abajo y levante lentamente el pecho del suelo mientras arquea la espalda y mantiene las piernas en el suelo.

La postura de la cobra ayudará a abrir la energía bloqueada a lo largo de la columna vertebral, permitiendo que el prana fluya más libremente por todo el cuerpo. Con la mente abierta y despejada, la bujangasana también puede purificar eficazmente viejas emociones que ya no te sirven, dando paso a nuevas energías. En resumen, si está iniciando su propio viaje de despertar del kundalini, ¡no olvide hacer de la bhujangasana su compañera!

3. Adho mukha svanasana

Si quiere mejorar su salud en general y conectar con su energía kundalini, adho mukha svanasana es un gran lugar para empezar. También conocida como la postura del perro mirando hacia abajo, esta poderosa combinación de estiramiento y respiración puede ayudar a acelerar la etapa de limpieza en el despertar de kundalini. Para realizar esta postura, colóquese a cuatro patas y presione lentamente las caderas en el aire mientras estira los brazos y las piernas.

Mantener esta postura durante unos minutos ayuda a promover la desintoxicación de todo el cuerpo y a estimular las vías energéticas del organismo. Esta postura también puede fortalecer la digestión, reducir la fatiga y abrir cualquier bloqueo en la columna vertebral. Practicar esta postura con regularidad puede ayudar a mejorar la salud y el bienestar general, por lo que es una práctica esencial para aquellos que se esfuerzan hacia ghata en su viaje de despertar kundalini.

4. Salabasana

La práctica de salabasana para ghata, o la etapa de limpieza del despertar de kundalini, se ha utilizado durante siglos en las tradiciones yóguicas. Es una técnica poderosa utilizada para limpiar la energía estancada del cuerpo y la mente, que puede surgir de problemas de salud física o mental. Para realizar este ejercicio correctamente, hay que adoptar la postura con respiraciones profundas y permanecer en ella al menos cinco minutos. Primero, túmbese boca abajo y levante lentamente el pecho del suelo, arqueando la espalda. De este modo se abre cualquier bloqueo que pueda haber en nuestras vías energéticas.

Cuando la energía empieza a fluir libremente, una sensación de luz recorre el cuerpo. La sensación de paz interior aumenta a medida que se eliminan los bloqueos. Mental y emocionalmente, uno puede sentirse con energía y elevado debido a la transformación en el flujo de energía en todo el cuerpo. Todo esto culmina en un mayor sentido de autoconciencia y una conexión más profunda con el potencial divino interior que todos los yoguis se esfuerzan por alcanzar, haciendo de salabasana para ghata una experiencia espiritualmente enriquecedora y satisfactoria.

5. Setubandhasana

Practicando setubandhasana, puede desbloquear la energía kundalini latente dentro de usted y despertar su verdadero potencial. Esta asana, a veces llamada la *postura del puente*, despeja los bloqueos energéticos del cuerpo y cultiva un elevado nivel de espiritualidad. Para realizar la postura correctamente, hay que empezar por sentarse cómodamente en el suelo con las rodillas flexionadas y los pies apoyados a ambos lados de las caderas. Asegúrese de que la columna permanezca recta mientras comienza a arquearse lentamente hacia arriba, levantando poco a poco las caderas hasta que las piernas y el torso formen un "puente" antes de volver a la posición inicial. Al practicar esta postura más a menudo, se puede notar un aumento gradual de la energía que trae consigo una mayor claridad de pensamiento y tranquilidad en las elecciones de estilo de vida.

Prácticas de pranayama para ghata

Ghata consiste en limpiar y purificar el campo energético para que estemos preparados para emprender el viaje que nos espera. El pranayama restablece nuestro sistema, haciéndolo más receptivo a la energía espiritual que nos espera. Estas prácticas abarcan desde la respiración hasta el canto de mantras y la visualización. Cada práctica tiene su energía asociada, lo que nos permite conectar con nuestro poder interior y abrir nuestros chakras para el crecimiento. El pranayama también aumenta nuestra fuerza vital, lo que a su vez puede darnos la fuerza necesaria para mejorar y profundizar nuestras experiencias espirituales. A pesar de ser un aspecto crítico del despertar de kundalini, estas prácticas son fáciles y beneficiosas para cualquier persona que quiera volver a conectar con lo divino en su interior.

1. Nadi shodhana

Nadi shodhana pranayama es una práctica esencial para el ghata, o la etapa de limpieza, del despertar de la kundalini. Este pranayama limpia eficazmente los canales sutiles de energía y mejora su salud. A través de esta práctica, podemos experimentar intensos sentimientos de alegría, satisfacción y paz que provienen de la eliminación de los bloqueos en nuestros cuerpos energéticos. Puede practicar nadi shodhana pranayama en cualquier lugar, ya que no se necesita ningún espacio ni equipo específico.

Comience por sentarse cómodamente y luego cambie su atención hacia el interior para centrarse en su respiración. Deje que sus inhalaciones y exhalaciones sean largas y lentas a medida que avanza en esta suave práctica. A medida que continúe practicando el nadi shodhana pranayama con regularidad, notará mejoras significativas en su bienestar mental y emocional.

2. Anuloma viloma

El anuloma viloma pranayama libera bloqueos y desequilibrios para que el practicante pueda tomar parte en formas más avanzadas de meditación. Durante esta práctica, el individuo inhala por una fosa nasal y exhala por otra en un patrón continuo. Se retiene la respiración brevemente antes de comenzar un nuevo ciclo. Anuloma viloma purifica los *nadis* (canales de energía) y aumenta su permeabilidad para permitir que niveles más altos de *prana* (energía) fluyan libremente por todo su cuerpo. También ayuda a desestresarse, la claridad de pensamiento y la relajación, por lo que es una práctica beneficiosa para todos, independientemente de si se desea o no el despertar de kundalini.

3. Bhramari

Bhramari pranayama es una antigua técnica de respiración utilizada en el kundalini yoga para ayudar al practicante a alcanzar ghata, la etapa de limpieza del despertar de la kundalini. Esta herramienta única y poderosa limpia los desechos físicos y mentales y abre las vías del prana (fuerza vital) dentro del cuerpo, permitiendo que la energía fluya más libremente. La práctica consiste en inhalar profundamente por la nariz al tiempo que se presiona el tragus, una pequeña protuberancia en el lóbulo de la oreja. Al mismo tiempo, se genera un suave zumbido hacia el interior para energizar y equilibrar los siete chakras. Recuerde que los practicantes deben utilizar la autorregulación al practicar bhramari pranayama, ya que puede llegar a ser bastante intenso, así que no tenga miedo de tomar descansos o reducir la intensidad según sea necesario.

Independientemente de la etapa de su despertar de kundalini, siempre termine la práctica con un sentido de gratitud. Dese las gracias por haberse tomado el tiempo necesario para volver a conectar con su yo espiritual y estar presente en ese momento. Tome conciencia de los cambios que haya notado a lo largo de la etapa ghata y dedique un tiempo a integrarlos en su vida. Esta es una parte esencial del proceso, que le permite honrar y apreciar su viaje interior. Respire profundamente unas cuantas veces, abra los ojos y vuelva lentamente a su cuerpo físico. Por último, tómese un tiempo para sentarse en silencio y permitir que cualquier cambio energético o sentimiento persistente se asiente completamente en su ser. ¡Namaste!

Capítulo 9: Pacihaya y nishpatti - Desbloqueando su coronilla

Una vez que usted haya pasado por las dos primeras etapas del despertar de la kundalini, puede pasar a las siguientes dos etapas de este viaje, pacihaya y nishpatti. Pacihaya es la etapa de absorción en la que la energía kundalini se mueve por todo el cuerpo en lugar de centrarse únicamente en determinados chakras. Nishpatti es la etapa final del despertar y marca un cambio masivo en la conciencia. Este capítulo analizará las diferentes kriyas y prácticas que usted puede hacer para experimentar pacihaya y nishpatti. Las etapas pacihaya y nishpatti del despertar de la kundalini son cruciales para alcanzar los estados más elevados de conciencia espiritual. Por lo tanto, vamos a profundizar en lo que usted necesita saber acerca de estas etapas.

Pacihaya: La etapa de absorción

Pacihaya, también conocida como la etapa de absorción del despertar de la Kundalini, es una parte importante del desarrollo espiritual. Durante esta etapa, los practicantes se permiten absorber e integrar plenamente los nuevos conocimientos espirituales a medida que avanzan en el camino elegido. El acceso a pacihaya puede realizarse a través de rituales, meditaciones o incluso técnicas más intensas como el yoga o ejercicios de respiración pranayama. La capacidad de alcanzar este estado de conciencia reside en confiar en el poder de la energía universal para que lo guíe y le ayude a explorar profundidades desconocidas dentro de usted mismo. Cuando se realiza correctamente, esta práctica puede aportar una sensación trascendente de iluminación, compasión por todos los seres vivos, amor incondicional por uno mismo y por los demás, y una conexión con los reinos divinos.

A. Qué ocurre durante pacihaya

Pacihaya, o la etapa de absorción del despertar de la kundalini, describe el extraordinario proceso en el que un individuo toma conciencia de su conexión con su verdadero yo y, en última instancia, con una forma superior de poder divino. Durante esta fase de crecimiento espiritual, los individuos pueden experimentar cualquier cosa, desde la elevación de la energía en la columna vertebral de su cuerpo como energía llena de emoción hasta la eliminación de capas de inhibición y miedo que estaban bloqueando los caminos hacia la alegría.

Muchas personas en esta fase suelen hablar de tranquilidad interior y sensaciones físicas que les ayudan a alcanzar nuevas cotas de conciencia. Junto con sentimientos profundos, pacihaya puede ir acompañado de fuertes visiones y una mayor claridad mental, a medida que el individuo avanza hacia una mayor comprensión espiritual. En esencia, la etapa de absorción es un hermoso momento de la vida en el que una persona puede empezar a descubrir una visión más significativa del panorama general que le rodea, creando oportunidades para un mayor crecimiento en el ámbito espiritual.

B. Chakras afectados y sus efectos

La energía del despertar de la kundalini es intensa y puede provocar una serie de sensaciones embriagadoras. Pacihaya implica que la mente extrae energía de varios chakras a medida que progresa. Los chakras inferiores atraerán energías físicas como la pasión y el amor divino, mientras que los chakras superiores absorberán energías emocionales como la claridad y la alegría. Durante este proceso, puede haber sensaciones de temblor y oleaje, así como trastornos psicosomáticos. Sin embargo, a través de este proceso, las personas alcanzan un estado de conciencia elevado, que les permite acceder a niveles profundos de conciencia que no experimentan durante el flujo normal de la vida cotidiana.

C. En qué se diferencia pacihaya de otras etapas

La forma en que se experimenta la energía de pacihaya es diferente de la de otras etapas del despertar de la kundalini, ya que no se desplaza de un chakra principal a otro como en las demás etapas. Más bien, se extiende por todo el cuerpo desde su punto de origen en el chakra del corazón. Por eso se conoce como la etapa de absorción, porque su propósito es permitir a los practicantes absorber e integrar los nuevos conocimientos espirituales en lugar de viajar de un chakra a otro.

Kundalini kriyas para activar pacihaya

Kundalini kriyas son poderosos ejercicios basados en la respiración diseñados para ayudar a activar y abrir nuestros canales de energía para que la energía kundalini pueda liberarse y expandirse por todo el cuerpo. Estas kriyas, cuando se realizan correctamente, nos permitirán alcanzar el estado pacihaya durante un despertar de kundalini. Pacihaya es un estado de reposo energizado en el que absorbemos las potentes vibraciones de la energía despierta y las integramos con nuestra conciencia espiritual.

Para lograr esta sensación calmante y liberadora, es fundamental incorporar ejercicios de respiración, técnicas de visualización como centrarse en un color curativo como el azul o el morado, movimientos suaves como balancearse hacia delante y hacia atrás o girar en círculos, y cantar mantras que eliminen las energías mentales negativas. Si se practican con constancia, estas kriyas lo llevarán a un viaje hacia niveles más profundos de conexión con su ser interior, en el que se sentirá iluminado y preparado para lo que venga.

1. Sat kriya

Sat kriya es una antigua técnica que trabaja en el ámbito energético para conectar los cuerpos físicos y espirituales de una persona. Realizar sat kriya ha sido aclamado como posiblemente la herramienta más eficaz para iniciar pacihaya, la etapa de absorción del despertar de kundalini. Esta práctica mística abre los sistemas energéticos, permitiendo una conexión más poderosa e integrada con nuestra sabiduría interior y nuestra naturaleza divina.

La práctica consiste en canalizar la energía pránica (fuerza vital) hacia arriba y hacia abajo por la columna vertebral, lo que afecta tanto al cuerpo físico como al sutil y produce estados mentales pacíficos que conducen a una profunda transformación interior. Sat kriya, junto con otras técnicas, puede ser útil durante pacihaya, permitiendo así a las personas imbuir la energía divina en sus cuerpos para experimentar mayores ganancias en su conciencia y cambios significativos en la misma.

2. Canto om

El canto del om se utiliza cada vez más para activar la fase de absorción del despertar de la kundalini. Al concentrar su energía en el sonido de om y repetirlo mientras medita, puede despertar la fuente latente del poder de kundalini en su interior. Generalmente, si esta etapa tiene éxito, quienes la han realizado pueden experimentar una infusión de energía espiritual por todo su cuerpo y mente. Más allá de elevar los niveles de consciencia, esta mayor conciencia puede abrir vías para una visión creativa y una comprensión profunda. El canto om es una poderosa herramienta para liberar todo el potencial interior y nos ayuda a acercarnos un paso más hacia la iluminación.

3. Rendición y respiración

La respiración y la rendición son dos enfoques aparentemente opuestos para experimentar la etapa de absorción del despertar de kundalini. Para experimentar pacihaya, ambos deben formar parte de su práctica, permitiéndose respirar profundamente con conciencia y renunciando conscientemente al control. Con cada respiración profunda, cultivamos un nivel más profundo de relajación en nuestro cuerpo y mente. A medida que nos relajamos cada vez más en nuestro estado natural de rendición, empezamos a reconocer el poder interior que aporta una mayor claridad tanto en el pensamiento como en la emoción, a través de la aceptación y el aprecio de todo lo que la vida nos ofrece. Cuando podemos hacer estas conexiones conscientes, comienza nuestro viaje pacihaya a medida que avanzamos hacia la comprensión de nuestro verdadero potencial como seres espirituales en un mundo lleno de energía.

4. Khechari mudra

Khechari mudra, una poderosa práctica para activar el potencial espiritual interior en el yoga, se dice que es fundamental para activar el pacihaya, la etapa de absorción del despertar de la kundalini. Este mudra consiste en presionar la lengua hacia arriba, en dirección al paladar blando, al tiempo que se la hace rodar suavemente hacia atrás y se la sella contra la úvula. Este complejo proceso libera energía que puede dirigirse a través de la conciencia hacia cualquier chakra. Cuando se realiza con regularidad, la percepción y la comprensión de los campos energéticos profundos y subyacentes se amplifican realmente. Además de beneficios físicos como la mejora de la digestión y de la salud en general, este mudra aporta claridad a todos los ámbitos de la vida, proporcionando una sensación de equilibrio que dota a la persona de mayor capacidad mental y concentración.

5. Bandhas

Para llegar a la etapa pacihaya, hay que entrenar el cuerpo y la mente para superar los bloqueos y permitir que la energía vital fluya libremente. Una forma de hacerlo es mediante ejercicios de bandhas. Los bandhas consisten en contraer ciertos músculos que redirigen el prana, o energía vital. Intente mantener el *mula bandha*, o bloqueo de la raíz, contrayendo los músculos del suelo pélvico y tirando de ellos hacia arriba. Del mismo modo, para practicar *nauli*, primero debe contraer los músculos abdominales y después aislar ciertas secciones del abdomen contrayendo aún más ciertas regiones con un movimiento circular. Esto activa el chakra del plexo solar, que está conectado con nuestra energía kundalini. Una vez practicados con regularidad, los bandhas desbloquean las vías energéticas que inhiben nuestro crecimiento espiritual y nos permiten avanzar hacia la etapa pacihaya.

Nishpatti: La etapa final

Nishpatti es la etapa final de la elevación de la conciencia y el aprovechamiento del inmenso poder que yace en lo más profundo. Esto conduce, en última instancia, a una comprensión más profunda de las verdades y a una conexión más intensa con el ser interior. Durante este proceso, se experimentan diversos colapsos mentales, emocionales y físicos a medida que se alcanzan estados superiores de conciencia. Supone un paso iluminador en la vida, ya que la energía kundalini despierta la autorrealización y la liberación de los ciclos mundanos de la vida. Es una experiencia innegablemente poderosa para aquellos lo suficientemente valientes como para embarcarse en este viaje de autodescubrimiento, puesto que finalmente desbloquean su potencial espiritual.

A. Qué esperar durante nishpatti

En la etapa final del despertar de la kundalini, ya no estará guiado por ninguna fuerza exterior a usted mismo y, en su lugar, obtendrás una conexión absoluta con su energía. A medida que la energía asciende, sentirá una mayor conciencia de sí mismo y una profunda comprensión del mundo que le rodea. Además, este estado puede aportarle una inmensa alegría y satisfacción, ya que llegará a comprenderse a sí mismo a un nivel más significativo. Durante el nishpatti, mantengase abierto a todo lo que surja en el viaje interior y utilice prácticas curativas como la meditación para mejorar aún más la conexión con su verdadero yo.

B. Expansión de la conciencia

La expansión de la conciencia durante nishpatti, la etapa final del despertar de la kundalini, es una experiencia increíblemente especial. Se suele denominar estado de iluminación y unidad con el universo. Durante este periodo, la conciencia de sí mismo y del mundo que le rodea es mucho más amplia. Este mayor sentido de la comprensión puede ayudar a conectar de forma más significativa con otras personas y a estar más en sintonía con sus necesidades internas. También permite apreciar mejor la belleza de nuestro mundo, ayudándonos a ver la vida desde una perspectiva más elevada. En última instancia, el estado de expansión de la conciencia que se produce durante el nishpatti puede ofrecer una increíble sensación de equilibrio, paz y comprensión de nuestro verdadero yo interior.

Kundalini kriyas para activar el nishpatti

En el kundalini yoga, las kriyas se utilizan para desencadenar la fase final del despertar de la kundalini. Este proceso implica la autorrealización espiritual y promete paz mental y corporal para alcanzar una conciencia superior. Durante este proceso se pueden utilizar diversas kriyas, desde la meditación, el canto de mantras y ejercicios de respiración espiritual. Para alcanzar el nivel más alto hay que ser disciplinado con la práctica, ser constante y estar concentrado. El viaje es diferente para cada individuo, ya que cada persona tiene su propia manera de superar las luchas y alcanzar la liberación. Todos estos factores se unen a través de la práctica de kundalini kriyas para que el objetivo final, la activación de nishpatti, finalmente pueda ser alcanzado.

1. Pranayama

Pranayama es una herramienta indispensable para aquellos que buscan despertar su energía kundalini. Se dice que al dominar esta práctica yóguica, podemos acercarnos un paso más a alcanzar la etapa final del despertar de la kundalini. El pranayama consiste en el control rítmico y continuo de la respiración, mediante el cual podemos enviar oxígeno fresco y energía vital a todo nuestro cuerpo y eliminar cualquier bloqueo que obstaculice el ascenso de nuestra kundalini. Este tipo de trabajo de la respiración también promueve el equilibrio dentro de nuestro cuerpo y mente, ayudando aún más en la activación de la kundalini. Así, con suficiente práctica y dedicación, podemos alcanzar el estado sublime de nishpatti a través del pranayama, donde nos espera la verdadera liberación.

2. Meditación con mantras

La meditación con mantras es uno de los métodos más eficaces para activar el despertar de la kundalini. Al concentrarse intensamente en un mantra o sonido poderoso y significativo, una persona puede acceder a su potencial interior superior y, finalmente, experimentar la última etapa de la transformación espiritual. Este proceso funciona mejor cuando se realiza en una atmósfera de paz, quietud y conciencia. También requiere perseverancia, dedicación y devoción total para alcanzar un "estado de conciencia más allá de toda dualidad". En última instancia, este tipo de práctica espiritual conecta a los individuos con su divinidad interior, permitiéndoles alcanzar la verdadera iluminación.

3. Visualización y afirmaciones

Aprender a activar nishpatti a través de la visualización y las afirmaciones es una forma poderosa de estar más en sintonía con su crecimiento espiritual. La visualización es un tipo de meditación que puede guiarnos en el acceso a nuestros reinos interiores, mientras que las afirmaciones son declaraciones conscientes de la verdad que queremos encarnar y el propósito que hemos elegido para nosotros mismos desde lo más profundo de nuestro ser. Cuando se utilizan juntas, las visualizaciones y las afirmaciones pueden ayudarnos a comprender nuestra mente-cuerpo-alma y acceder a niveles de conciencia más profundos para alcanzar la grandeza. La visualización dirige nuestra energía hacia lo que más deseamos, mientras que las afirmaciones proporcionan una confirmación repetida que refuerza el poder de este proceso sagrado. Con la práctica, cualquiera puede aprender técnicas de visualización y afirmaciones para activar nishpatti, ayudando en última instancia a que su destino manifiesto cobre vida.

4. Posturas de kundalini yoga

Las posturas de kundalini son una forma eficaz de abrir los bloqueos que se interponen en el camino del despertar de kundalini. Cuando se utilizan con habilidad, pueden ser herramientas eficaces para ayudar al practicante a alcanzar nishpatti. A través de la práctica, puede utilizar estas posturas para limpiar los bloqueos energéticos, activar la curación física, emocional y mental, y restaurar la vitalidad y la claridad en la vida. Ejemplos de posturas beneficiosas para activar el nishpatti son la respiración abdominal profunda, los giros de la columna vertebral, las posturas con los hombros erguidos, los estiramientos de la vaca-gato, la postura vajrasana o "sentadilla del rayo", las prácticas de meditación como el canto de mantras, etc. Cada postura tiene su propósito y su impacto en el logro de una mayor conciencia de sí mismo. Con práctica, paciencia y perseverancia se puede llegar a un despertar espiritual pleno.

5. Pratyahara

Pratyahara, el acto de concentración interna y retirada de compromisos o actividades externas, es un paso esencial para desencadenar nishpatti. Esta práctica desarrolla un mayor poder de concentración, que conduce a un estado elevado de conciencia espiritual y ayuda a elevar las energías latentes a través del cuerpo. A través de la práctica regular de pratyahara, se sintoniza con su energía interior y puede entonces elevar esa energía a niveles superiores. Además, al comprometerse en este nivel de autodescubrimiento, los practicantes experimentan percepciones de su propia identidad espiritual y se acercan al dominio de la paz interior. Pratyahara le prepara para el despertar de kundalini y te permite experimentar reinos interiores de pura dicha y realización divina durante su viaje.

El despertar de la kundalini es un fenómeno poderoso que requiere dedicación y paciencia, pero con las técnicas y prácticas adecuadas, como la visualización y las afirmaciones, las posturas y el pratyahara, se puede alcanzar la etapa final del despertar de la kundalini. La práctica regular le permite a una persona estar más conectada con su ser interior y movilizar las energías dentro del cuerpo para comprender mejor lo divino y a uno mismo. Con esta nueva conciencia, usted puede experimentar una profunda transformación y acercarse a despertar plenamente su energía kundalini.

Capítulo 10: La energía kundalini ha despertado, ¿y ahora qué?

El despertar de la kundalini puede ser una experiencia intensa y a veces abrumadora, ya que es un proceso de crecimiento espiritual que implica grandes cambios de conciencia. Si comprende el proceso y tiene acceso a los recursos y la orientación adecuados, podrá aceptar y llevar una vida feliz con su conciencia expandida. Experimentar el despertar de la kundalini puede cambiar la vida, pero no siempre se produce sin consecuencias. Cuando la energía kundalini de una persona se despierta hasta el punto de estar hiperactiva, puede causar malestar físico y emocional, lo que dificulta la adaptación y el afrontamiento de los efectos.

A menudo entrelazada con una intensa experiencia espiritual, la kundalini hiperactiva puede resultar abrumadora y estresar demasiado el cuerpo y la mente. En este capítulo, le aconsejaremos cómo aceptar su nueva conciencia y le ofreceremos kriyas, técnicas y secuencias de kundalini yoga para domar una kundalini hiperactiva. Por último, vamos a discutir las técnicas de calma para ayudarle a adaptarse si su despertar de kundalini no fue intencional. Este capítulo tiene como objetivo ayudarle a ganar confianza en la gestión de su energía kundalini y vivir una vida plena con ella.

Acepte su nueva conciencia

El despertar de su energía kundalini es una experiencia especial y poderosa. Puede ser difícil dejar ir las creencias y patrones mentales a los que se ha acostumbrado, pero vale la pena. Una vez que su energía kundalini se despierta, se le ha dado la oportunidad de crecer en algo nuevo, algo hermoso y expandido en conciencia. Aceptar su nuevo yo, es la clave para utilizar plenamente el potencial que esta transformación que cambia la vida ha desbloqueado dentro de usted. Permítase explorar y encontrar consuelo en cualquier cambio, reconocimiento o descubrimiento personal que pueda encontrar en este viaje de auto-descubrimiento.

Kriyas de kundalini yoga para domar una kundalini hiperactiva

Una kundalini hiperactiva es una condición alarmante para muchos que buscan el desarrollo espiritual. Sin la orientación adecuada y la comprensión de la reactividad de la energía, puede tener efectos devastadores en su salud emocional, física y psicológica. La totalidad del individuo se verá sometida a las intensas vibraciones generadas por una kundalini hiperactiva que puede provocar una serie de síntomas fisiológicos, desde ansiedad e insomnio hasta falta de claridad en los pensamientos e hiperactividad. El flujo de energía incontrolada puede sobrecargar fácilmente el cuerpo, volviéndolo turbulento. He aquí algunas kriyas y técnicas de kundalini yoga que puede utilizar para domar una kundalini hiperactiva.

1. Meditación del chakra del corazón

En tiempos de caos, puede ser difícil encontrar la paz. Una forma de hacerlo es a través de la meditación del chakra del corazón. Esta práctica calma y equilibra la energía kundalini en la base de la columna vertebral. Enraizándose en el momento presente con ejercicios de respiración profunda y visualizaciones, se puede inspirar una sensación de paz en toda la mente y el cuerpo, al tiempo que se aprovecha la energía vital. La meditación del chakra del corazón también aporta intención a cada movimiento y nos ayuda a cultivar el amor propio mientras aceptamos nuestras circunstancias actuales.

Para empezar, siéntese cómodamente con la columna erguida y las piernas cruzadas. Cierre los ojos y tome conciencia del chakra del corazón, situado en el centro del pecho. Visualice una luz blanca que irradia desde el centro del pecho y se extiende hacia fuera en todas direcciones. Concéntrese en la respiración mientras inhala y exhala profundamente, permitiendo que su cuerpo se relaje más con cada inhalación y exhalación. Con la práctica continua, puede empezar a superar las luchas cotidianas y crear armonía en sí mismo y en su entorno.

2. Conciencia de la respiración

Hay muchos caminos complejos hacia la autoconciencia, pero la conciencia de la respiración es siempre esencial para desbloquear energías latentes como la kundalini. Respirando lenta y profundamente y centrándose en la sensación del aire que fluye por el cuerpo, se entra en un estado meditativo que puede calmar y excitar la conciencia más íntima. Aunque esto por sí solo no resulta en el despertar de la kundalini, sirve como plataforma para que su espíritu viaje y busque la paz en su interior. Este proceso requiere paciencia, amor y disciplina, pero puede aportar grandeza en términos de crecimiento espiritual y comprensión del poder interior. Así que deje ir su conciencia mediante la respiración, extienda su conciencia y acceda a una forma de vida iluminada.

3. Mantra Japa

Mantra japa es una poderosa práctica espiritual centenaria que domestica la Kundalini hiperactiva. En esta práctica, el individuo canta mantras y sílabas sagradas en voz alta o en su mente, repitiéndolas con intención y concentración. A través de esta práctica, se accede a capas más profundas de su inconsciente y se las energiza. La activación de los chakras, que puede enraizar y centrar una kundalini sobreexcitada, aporta equilibrio. Cualquiera que busque quietud en su energía kundalini debería probar el mantra japa. Su efecto calmante se puede sentir casi de inmediato, lo que lleva a una sensación general de paz, felicidad y bienestar.

4. Asanas y mudras

Una serie de posturas de yoga y mudras pueden domar una kundalini hiperactiva. Consisten en colocar cuidadosamente el cuerpo en posturas y mudras específicos, que activan las energías sutiles del cuerpo. Las asanas y mudras se centran en puntos energéticos concretos para dirigir el flujo de energía, ayudando a liberar cualquier bloqueo o restricción que pueda impedir que la kundalini alcance el equilibrio. He aquí algunas posturas que pueden utilizarse con este fin:

- **Gomukhasana (postura de la cara de vaca):** Esta postura calma la mente y el cuerpo liberando la tensión de los hombros y el cuello. También ayuda a estimular el sistema nervioso central y las glándulas endocrinas.
- **Baddha konasana (postura de la mariposa):** Esta postura estira la cara interna de los muslos y abre la zona de las caderas. También aporta una sensación general de relajación al cuerpo.
- **Matsyasana (postura del pez):** Esta postura fortalece la columna vertebral y abre la zona del pecho. También reduce la fatiga y el estrés calmando la mente.
- **Ardha matsyendrasana (postura del medio señor de los peces):** Esta postura reduce el estrés y la fatiga estimulando la columna vertebral, las caderas, el abdomen y la zona del pecho.
- **Padmasana (postura del loto):** Esta postura calma la mente y el cuerpo liberando la tensión de las caderas y las piernas. También ayuda a estimular el sistema nervioso central.
- **Pran mudra:** Este mudra equilibra el flujo de energía en el cuerpo y aporta una sensación de concentración y claridad.

Secuencias para domar una kundalini hiperactiva

La activación descontrolada de la kundalini puede dañar el cuerpo y la mente. Para regularla, se han creado secuencias especiales de trabajo respiratorio y posturas que ayudan a domar una kundalini hiperactiva. Estas secuencias están diseñadas para despertar vías de energía claras en el cuerpo y equilibrar los niveles de energía, restaurando el equilibrio y la armonía tanto en el cuerpo como en el alma. Con la práctica regular, estas secuencias pueden traer resultados tangibles y ayudar a abrir la puerta a estados más profundos de conciencia.

1. Secuencia de equilibrio

Equilibrar el flujo de energía kundalini por todo el cuerpo es fundamental para la salud mental y física. La secuencia correcta de posturas de yoga puede ayudar a lograr este equilibrio sin lesiones o tensión. Las flexiones hacia delante son una postura de yoga calmante que puede fortalecer los músculos, relajar la mente y llevar la conciencia a la columna vertebral. Las flexiones hacia atrás activan y fortalecen el centro del corazón, revirtiendo cualquier bloqueo en las vías energéticas, seguidas de giros que eliminan cualquier toxina y crean más flexibilidad en la columna vertebral. Por último, las inversiones aportan muchos beneficios, como la reducción de los niveles de estrés y el aumento del estado de alerta. Seguir regularmente esta secuencia de flexiones hacia delante, hacia atrás, giros e inversiones puede mantener el flujo natural de la energía kundalini por todo el cuerpo.

2. Secuencia del despertar de la kundalini

Esta secuencia está diseñada para despertar la kundalini y crear una conexión profunda entre el cuerpo y el alma. Para empezar, nadi shodhan pranayama, una técnica de respiración tradicional, se puede utilizar para equilibrar el sistema nervioso y despertar los chakras. Le sigue el surya namaskar, o saludo al sol, que ayuda a calentar el cuerpo y crear un flujo de energía de la cabeza a los pies. El siguiente paso consiste en realizar una serie de asanas y mudras para abrir los puntos energéticos bloqueados del cuerpo y permitir que suba la kundalini. Por último, la meditación puede calmar la mente y permitir una conexión sin esfuerzo con la sabiduría divina.

3. Secuencia de limpieza de los chakras

Los chakras son centros de energía que deben equilibrarse y limpiarse con regularidad. Esta secuencia está diseñada para abrir, limpiar y equilibrar los chakras de todo el cuerpo. Se pueden utilizar posturas de conexión a tierra como tadasana (postura de la montaña) para conectar con la energía de la tierra. El Ujjayi pranayama puede utilizarse para aportar conciencia y claridad a la mente. A continuación, se puede utilizar una serie de asanas para activar cada chakra. Por último, la meditación puede limpiar los chakras y crear espacio para la quietud interior.

4. Secuencia de equilibrio prana vayu

Prana vayu es la energía vital que fluye por el cuerpo y ayuda a mantener la salud. Esta secuencia está diseñada para abrir un prana atascado, promover un flujo saludable de energía vital por todo el cuerpo y aportar equilibrio y armonía. Para empezar, nadi shodhan pranayama puede crear un flujo uniforme de energía por todo el cuerpo. Una serie de posturas de pie, sentadas e invertidas puede abrir todos los centros energéticos del cuerpo. Por último, la meditación puede utilizarse para unirse con las energías universales y promover una sensación duradera de bienestar.

Al practicar estas secuencias con regularidad, experimentará una conexión más profunda entre sus cuerpos físico y energético, lo que le permitirá llevar una vida más sana y feliz. Recuerde que siempre debe tomarse su tiempo al practicar y escuchar lo que su cuerpo le dice, ya que le guiará hacia el mejor camino para el auto-descubrimiento.

Cómo calmar un despertar de kundalini involuntario

El despertar de la kundalini puede ser una experiencia tanto excitante como aterradora. La energía que se libera a través de este fenómeno puede ser muy fuerte e incluso conducir a estados de conciencia similares al trance si no se controla. Sin embargo, mientras que algunas personas buscan despertares de kundalini intencionadamente, hay muchas cuyos despertares ocurren sin querer y pueden ser difíciles de manejar.

Afortunadamente, los practicantes de yoga han desarrollado técnicas para calmar un despertar involuntario de la kundalini, como centrarse en la respiración o visualizar la energía que conecta los distintos chakras del cuerpo. La meditación también es útil para reducir los niveles de estrés y permitir que las ondas energéticas salgan del cuerpo con seguridad. Otras actividades, como las posturas de yoga y las salidas físicas o creativas, pueden ser beneficiosas a la hora de gestionar un despertar involuntario de la kundalini.

A. Preparación del cuerpo y la mente

Cuando se despierta la energía kundalini, puede provocar un aumento de la excitación física y mental, lo que puede resultar bastante incómodo. Se recomiendan técnicas de relajación como el yoga, la respiración y la meditación para preparar el cuerpo y la mente para un estado de calma y paz. Esto nos permite despejar los bloqueos energéticos de nuestros centros de energía en el cuerpo, lo que favorece la información necesaria para calmar un despertar involuntario de la kundalini. La atención plena también puede desempeñar un papel crucial en la preparación, ya que aporta conciencia a nuestros pensamientos y sentimientos que acompañan el proceso. Mediante la aplicación de medidas que aborden las necesidades fisiológicas y psicológicas, podemos crear un espacio seguro necesario para alcanzar un estado equilibrado de paz interior.

B. Técnicas de conexión a tierra

Para sofocar la intensidad de una experiencia kundalini, las técnicas de enraizamiento son beneficiosas para calmar el proceso. Estas técnicas implican centrarse en los sentidos, como sentir el contacto de los pies en tierra firme o las manos saturadas de agua fría. También se puede centrar la atención en algo externo a uno mismo, como un árbol con las raíces firmemente plantadas en la tierra. Todas estas técnicas devuelven la atención al cuerpo y la alejan de cualquier otra distracción mental que pueda surgir durante un despertar involuntario. El uso de técnicas de enraizamiento aporta una sensación de seguridad y un nivel de control que ayuda a superar con éxito los episodios de energía intensa.

C. Liberación de la energía negativa almacenada

Liberar la energía negativa almacenada es esencial para calmar un despertar involuntario de la kundalini. Kundalini es la energía curativa dentro de todos nosotros, pero si se libera demasiado rápido o sin la orientación adecuada, puede traer problemas que ni siquiera sabíamos que estaban allí. Por eso es tan importante liberar correctamente la energía negativa almacenada. La respiración, el yoga y la meditación son solo algunas formas de conseguirlo.

Tomarse el tiempo para ser consciente y conectar consigo mismo en un nivel más profundo puede ayudarle a deshacerse de los bloqueos subyacentes o la tensión mantenida dentro de su cuerpo y espíritu. Kundalini no conoce límites, pero con respeto y dedicación, puede crear resultados positivos en nuestras vidas. Avanzar en el proceso de liberación de la energía negativa almacenada con amor propio y compasión puede devolver el ritmo y el equilibrio a nuestras vidas y hacer que nuestra relación con la Kundalini sea más poderosa que nunca.

D. Conectar con la naturaleza

Estar en la naturaleza es un método poderoso y calmante para abordar un despertar involuntario de la kundalini. Nos recuerda la interconexión de toda la vida y nuestro entorno y nos da un sentido de conexión con algo más grande que nosotros mismos. La belleza de la naturaleza puede proporcionarnos una visión de nosotros mismos, aportando claridad a la confusión interior creada por el proceso de kundalini. Dar paseos lentos y conscientes por la naturaleza nos permite estar presentes en cada momento, desde la forma de las hojas hasta el sonido del canto de los pájaros o la sensación del suelo bajo nuestros pies. Ser conscientes de nuestros sentidos nos permite mirar hacia dentro en busca de comprensión mientras navegamos por este inesperado viaje de transformación física, emocional y espiritual.

E. Conectar con los demás

Conectarse con otras personas cuando se intenta calmar un despertar involuntario de la kundalini también puede funcionar bien. Trabajar estrechamente con un consejero espiritual, sanador o entrenador puede ayudarle a concentrar su energía en formas de afrontar la situación y crear un equilibrio interior. Compartir ideas e historias, como sueños y símbolos relacionados con los patrones energéticos de la kundalini, también es una forma estupenda de ganar claridad en medio de una experiencia que a veces puede resultar caótica y abrumadora. Esto puede ayudarle a desarrollar una visión de las causas profundas del despertar para apreciarlo y comprenderlo mejor. Además, hablar y escuchar a otras personas que han pasado por experiencias similares puede ser fortalecedor. En última instancia, conectar con otras personas familiarizadas con la energía kundalini nos permite compartir un sentimiento de solidaridad en nuestro viaje a través de este proceso transformador.

El viaje del despertar de la kundalini puede ser intenso y caótico, pero con las herramientas y prácticas adecuadas, podemos aprender a recorrerlo con más elegancia. Enraizándonos, liberando la energía negativa almacenada, conectando con la naturaleza y con otras personas que entienden el proceso, podemos encontrar un sentido de claridad dentro de la tormenta. En última instancia, este proceso nos permite descubrir nuestro poder y potencial fundamentales, creando una relación armoniosa con esta energía misteriosa. Aceptar y abrazar el viaje del despertar de la kundalini es un acto de valentía que puede conducir a una profunda transformación en nuestras vidas.

Glosario de términos

A lo largo de este libro se han utilizado varios términos y conceptos hindúes relacionados con kundalini. A modo de referencia, he aquí una lista alfabetizada de estos términos y sus significados o traducciones al español.

Ajna: También conocido como el tercer ojo, está situado entre las cejas y se considera un importante centro de energía.

Anahata: Otro importante centro de energía situado en el pecho y asociado con el corazón.

Arambha: La primera etapa del despertar de la energía kundalini.

Ardha matsyendrasana: Postura del medio señor de los peces, una postura de yoga utilizada para estimular la energía kundalini.

Asana: Postura de yoga

Chakra: Los centros circulares de energía a lo largo de la columna vertebral de un practicante, cada uno con su color y propósito.

Drishti: Una mirada concentrada utilizada en ciertas posturas de yoga.

Ghata: La etapa de limpieza del despertar de kundalini, seguida inmediatamente después de arambha.

Kriya: Serie de posturas de yoga, ejercicios de respiración y prácticas de meditación que se utilizan para activar kundalini.

Kundalini: Energía espiritual situada en la base de la columna vertebral que puede activarse mediante el yoga y la meditación.

Mantra: Un sonido o frase sagrada utilizada para la meditación y el desarrollo espiritual.

Manipura: El tercer chakra, situado en la zona del ombligo y asociado con la confianza y la autoestima.

Mudra: Gesto simbólico de la mano utilizado en el yoga y la meditación.

Muladhara: El chakra raíz situado en la base de la columna vertebral

Nadi: Canal de energía

Nishpatti: Etapa final del despertar de kundalini, en la que el practicante siente un estado de unidad y paz interior.

Pacihaya: La etapa de absorción del despertar de kundalini, la etapa posterior a ghata.

Prana: La fuerza vital que sostiene el cuerpo.

Pranayama: La práctica de controlar y regular la respiración.

Saraswati: Diosa del conocimiento y la creatividad, a menudo asociada con kundalini.

Shakti: La energía divina femenina a menudo asociada con kundalini.

Svadhishthana: El segundo chakra, situado en la zona inferior del abdomen y asociado a las emociones.

Uddiyana bandha: Bloqueo abdominal utilizado para atraer la energía kundalini hacia arriba a través de la columna vertebral.

Vishuddha: El quinto chakra, situado en la garganta y asociado a la comunicación.

Yoga: Conjunto de prácticas físicas, mentales y espirituales utilizadas para despertar la energía kundalini.

Yoni mudra: Gesto de la mano utilizado para ayudar a concentrar la mente, a menudo asociado con la práctica de despertar la kundalini.

Yogui: Persona que practica yoga, meditación y otras disciplinas espirituales para cultivar la energía kundalini.

Conclusión

El antiguo y asombroso viaje de kundalini shakti ha sido una práctica transformadora durante siglos, conectando a las personas con su yo más íntimo. Cada experiencia es única, ya que cada persona experimenta una transformación interna diferente. En este proceso, se inicia un despertar de la energía en todo el cuerpo. Este estado provoca profundos estados de meditación y una mayor conciencia sensorial, lo que permite una gran comprensión del funcionamiento interno de uno mismo.

El viaje puede ir acompañado de una serie de emociones, avanzando gradualmente hacia una mayor comprensión y aceptación del propio centro espiritual. Estas poderosas transformaciones recuerdan a cada individuo que debe buscar en lo más profundo de su ser y descubrir un propósito mayor conectado con su alma.

La identidad es un proceso en constante evolución que cambia a medida que crecemos y experimentamos la vida. A medida que uno desarrolla una mayor comprensión de sí mismo, las expectativas del mundo exterior parecen mucho menos significativas. Esto puede ser difícil pero inmensamente gratificante a medida que aprendemos más sobre nuestras propias necesidades y deseos. Llegamos a estar más en sintonía con lo que nos aporta más satisfacción, aceptando todo nuestro ser para poder estar presentes en la vida con una nueva sensación de comprensión y empoderamiento.

Kundalini shakti es una fuente de energía dinámica que constituye una guía energética para las personas que buscan la autoconciencia y el crecimiento personal. A menudo se encuentra en las profundidades de la mente inconsciente, impulsando una exploración audaz que puede conducir al descubrimiento de la verdadera identidad y propósito de cada uno. Quienes tengan una mentalidad abierta y estén dispuestos a escuchar su voz interior y a explorar los reinos invisibles de su interior pueden dar grandes pasos hacia la comprensión de sí mismos y de sus caminos. Kundalini shakti fomenta la contemplación profunda y la introspección, ofreciendo una visión de los centros de energía ocultos en las profundidades del alma que pueden ayudar a descifrar incluso los caminos más misteriosos de la vida.

Esta guía ha servido de introducción a kundalini shakti y a su potencial para promover el crecimiento personal y la iluminación. En los capítulos anteriores se ha tratado la importancia de comprender los chakras, prepararse para la meditación kundalini y aprender las herramientas esenciales para desbloquear la energía interior. Se han explorado los beneficios de despertar esta poderosa energía y cómo puede ayudarnos en nuestro viaje hacia la comprensión de nosotros mismos. Las cuatro etapas de la energía kundalini, arambha, ghata, pacihaya y nishpatti, fueron exploradas en profundidad.

En última instancia, se nos recordó que cada uno de nosotros tiene el potencial de aprovechar el poder interior, y kundalini shakti puede servir como una fuente fiable para desbloquear nuestro mayor potencial. Con una comprensión más profunda de sí mismo y una mayor conciencia de nuestro reino espiritual, podemos empezar a dar los primeros pasos hacia el desbloqueo del verdadero poder y potencial dentro de nosotros mismos. ¡Bienvenido al viaje de kundalini shakti! Que esté lleno de alegría y revelaciones.

Vea más libros escritos por Mari Silva

Su regalo gratuito

¡Gracias por descargar este libro! Si desea aprender más acerca de varios temas de espiritualidad, entonces únase a la comunidad de Mari Silva y obtenga el MP3 de meditación guiada para despertar su tercer ojo. Este MP3 de meditación guiada está diseñado para abrir y fortalecer el tercer ojo para que pueda experimentar un estado superior de conciencia.

https://livetolearn.lpages.co/mari-silva-third-eye-meditation-mp3-spanish/

¡O escanee el código QR!

Referencias:

Primera Parte:

El Colegio de Estudios Psíquicos: Enlighten: Qué es un ataque psíquico. (s.f.). El Colegio de Estudios Psíquicos. https://www.collegeofpsychicstudies.co.uk/enlighten/what-is-a-psychic-attack/

Leigh, J. (2018, 31 de mayo). Protección psíquica. Espiritualidad y salud. https://www.spiritualityhealth.com/articles/2018/05/31/psychic-protection

Mara. (2011, 22 de julio). Límites y protección psíquica. WholeSpirit → Consejera chamánica ∴ Consultora intuitiva ∴ Sanadora energética ∴ Evolución personal a través de la sanación chamánica basada en la naturaleza y la formación chamánica. https://www.wholespirit.com/boundaries-and-psychic-protection/

Límites y protección psíquica ∴ WholeSpirit. (2011, 22 de julio). WholeSpirit → Consejera chamánica ∴ Consultora intuitiva ∴ Sanadora energética ∴ Evolución personal a través de la sanación chamánica basada en la naturaleza y la formación chamánica; Whole Spirit LLC. https://www.wholespirit.com/boundaries-and-psychic-protection/

Earthmonk. (2022, 7 de enero). 8 poderosas formas de proteger tu energía espiritual. Earthmonk. https://earthmonk.guru/8-powerful-ways-to-protect-spiritual-energy/

Insight Network, Inc. (s.f.). Insight timer - #1 Aplicación de meditación gratuita nº 1 para dormir, relajarse y mucho más. Insighttimer.com. https://insighttimer.com/stevenobel/guided-meditations/psychic-protection-meditation

Leigh, J. (2018, 31 de mayo). La protección psíquica. Espiritualidad y salud. https://www.spiritualityhealth.com/articles/2018/05/31/psychic-protection

Stardust, L. (2019, 28 de mayo). Cómo usar la magia para desterrar a los vampiros energéticos. Teen Vogue. https://www.teenvogue.com/story/how-to-use-magic-to-banish-energy-vampires

Por qué la protección es importante en la curación y el trabajo psíquico. (2022, 10 de marzo). Giancarlo Serra. https://www.giancarloserra.org/why-protection-is-important-in-healing-and-psychic-work/

Zukav, G. (2015, 1 de abril). Cómo proteger tu energía espiritual. Oprah.com. https://www.oprah.com/inspiration/protecting-your-spiritual-energy

Cass. (2022, 7 de agosto). 5 meditaciones para elevar tu vibración. Manifestando Armonía. https://manifestingharmony.com/tools/meditations-to-raise-your-vibration/

Coughlin, S. (2015, 21 de octubre). 5 consejos aprobados por médiums para desarrollar tus propios poderes psíquicos. Refinery29.com; Refinery29. https://www.refinery29.com/en-us/how-to-improve-intuition

Cronkleton, E. (2018, 15 de mayo). ¿Qué es la aromaterapia y cómo me ayuda? Healthline. https://www.healthline.com/health/what-is-aromatherapy

Estrada, J. (2019, 11 de septiembre). Lo que realmente significa elevar tu energía vibracional-más 12 maneras de hacerlo. Well+Good. https://www.wellandgood.com/vibrational-energy/

¿Cómo elevar tu vibración al instante? (2021, 21 de mayo). Blog del Diario de India. https://timesofindia.indiatimes.com/readersblog/theenchantedpen/how-to-raise-your-vibration-instantly-32251/

Irven, J. (2020, 29 de marzo). 19 maneras de elevar tu vibración - sustainable bliss. Sustainable Bliss | Autocuidado y vida intencional. https://www.sustainableblissco.com/journal/raising-your-vibration

Jones, E. (2009). Aromatherapy. En Masaje para terapeutas (pp. 163-178). Wiley-Blackwell.

Mahakatha, A. (2023, 16 de enero). La mejor meditación guiada para elevar la vibración. Blog de Mahakatha. https://mahakatha.com/blog/best-guided-meditation-to-raise-vibration

McGinley, K. (2019, 18 de septiembre). Cómo elevar tu vibración emocional y espiritual. Chopra. https://chopra.com/articles/a-complete-guide-to-raise-your-vibration

Raypole, C. (2021, 5 de mayo). Meditación Metta para el día de la madre.

Rebecca Joy Stanborough, M. F. A. (2020, 13 de noviembre). ¿Qué es la energía vibracional? Healthline. https://www.healthline.com/health/vibrational-energy

Rose, S. (2022, 28 de febrero). 15 maneras de elevar tus vibraciones. Sahara Rose. https://iamsahararose.com/blog/a-guide-on-how-to-raise-your-vibrations/

Sara. (2021, 10 de abril). 35 afirmaciones para elevar tu vibración al instante. Spiritvibez. https://spiritvibez.com/35-affirmations-to-raise-your-vibration/

Las 4 mejores prácticas de respiración para elevar tu vibración. (2020, 20 de mayo). YogaVibes. https://www.yogavibes.com/blog/meditation-pranayama/raise-vibration-breathing-practice/

¿Qué es el reiki y funciona realmente? (2021, 30 de agosto). Clínica Cleveland. https://health.clevelandclinic.org/reiki/

Enseñanzas budistas básicas - III. (2021, 14 de abril). Theravada. https://www.theravada.gr/en/about-buddhism/understanding-karma/

Darren. (2012, 7 de marzo). Las 4 dimensiones de la energía: Física, emocional, mental y espiritual. UpStartist. https://upstartist.tv/mba/the-4-dimensions-of-energy/

¿Te sientes estancado? 14 métodos de limpieza espiritual para despejarlo. (2023, 24 de febrero). Mindbodygreen. https://www.mindbodygreen.com/articles/spiritual-cleansing

Thomas, P. (2019, 9 de octubre). Tus 4 tipos de energía. Autoayuda para la vida. https://selfhelpforlife.com/master-your-energy/

(N.d.-a). Yogabasics.com https://www.yogabasics.com/connect/yoga-blog/spiritual-cleansing/

(N.d.-b). Goop.com https://goop.com/wellness/spirituality/the-four-bodies/

6 maneras de purificar tu espacio - KonMari. (2019, 12 de noviembre). KonMari | El sitio web oficial de Marie Kondo; KonMari Media, Inc. https://konmari.com/home-purification/

10 maneras fáciles de limpiar tu casa de energía negativa. (2012, 3 de abril). Mindbodygreen. https://www.mindbodygreen.com/articles/how-to-cleanse-your-home-of-negative-energy

Bunch, E. (2019, 3 de abril). 4 maneras de establecer la intención correcta para su hogar con una oración de limpieza. Well+Good. https://www.wellandgood.com/prayer-to-say-when-saging-your-house/

Davis, F. (2022, 11 de abril). Protección espiritual para mascotas: Blinda a tu perro o gato con energía positiva. Karma y suerte. https://www.karmaandluck.com/blogs/news/spiritual-pet-protection

Helena. (2021, 24 de enero). Cómo construir un altar en casa para el autocuidado espiritual. Desorientar.

Cómo limpiar la energía negativa alrededor del bebé o de los niños mayores. (s.f.). Ve con Armonía. https://www.gowithharmony.com/clear-negative-energy-around-baby.html

Jay, S. (2022, 3 de agosto). 6 rituales de limpieza para ti y tu hogar. Revoloon. https://revoloon.com/shanijay/cleansing-ritual

Oaks, M. (2020, 29 de septiembre). Limpieza de la casa: Una lista de verificación para limpiar la mala energía de su hogar. Redfin | Consejos inmobiliarios para la compra, venta y mucho más; Redfin. https://www.redfin.com/blog/clearing-bad-energy-from-your-home/

PURNAMA. (2020, 15 de julio). Jak okadzać dom by pozbyć się negatywnej energii? PURNAMA.

Sanna. (2021, 27 de abril). Cómo Limpiar la Energía de tu Espacio usando Incienso. SANNA Concepto Consciente. https://sannaconsciousconcept.com/how-to-cleanse-the-energy-in-your-space-using-incense

Stewart, T. (2021, 17 de octubre). Paso a paso: Cómo limpiar un espacio (energética y espiritualmente). Alma caprichosa. https://whimsysoul.com/how-to-cleanse-a-space-energetically-and-spiritually/

La importancia de purificar y limpiar tu espacio antes de una gran mudanza. (2021, 23 de febrero).

Cura de pequeños carbones para limpiar la energía negativa que has absorbido de otras personas. (s.f.). Ve con Armonía. https://www.gowithharmony.com/cure-to-clear-negative-energy.html

Tuttle, C. (2020, 19 de octubre). 2 técnicas para proteger a tu hijo de la energía negativa. Carol Tuttle. https://ct.liveyourtruth.com/2-techniques-to-protect-your-child-from-negative-energy/

Por qué es importante la limpieza energética (y cómo hacerla). (sin fecha). AUTORA KAREN FRAZIER. https://www.authorkarenfrazier.com/blog/why-energy-cleansing-is-important-and-how-to-do-it#/

(sin fecha). Yogabasics.com. https://www.yogabasics.com/connect/yoga-blog/clear-negative-energy/

7 maneras de resetear tu energía y limpiar tu aura cuando te sientes bloqueado. (2022, 21 de septiembre). Mindbodygreen. https://www.mindbodygreen.com/articles/aura-cleansing

Marley, C. (2018, 25 de noviembre). Cómo limpiar el aura. Recursos y artículos sobre salud mental | Plumm; Plummhealth. https://blog.plummhealth.com/fundamental-concepts/8-ways-to-cleanse-your-aura-from-negativity/

Tanaaz. (2016, 26 de abril). Las 7 capas de tu aura. Forever Conscious. https://foreverconscious.com/7-layers-aura

¿Quién robó mi energía? Cómo afectan a tu aura las personas difíciles. (2012, 26 de julio). Mindbodygreen. https://www.mindbodygreen.com/articles/how-difficult-people-affect-your-aura-energy

(Sin fecha). Goop.com. https://goop.com/wellness/spirituality/healing-your-aura/

Bernstein, G. (2019, 22 de diciembre). Una introducción Spirit Junkie a los Arcángeles y los Ángeles Guardianes. Gabby Bernstein. https://gabbybernstein.com/angels/

pakosloski. (2022, 6 de abril). Oración del Ángel de la Guarda para protección espiritual. Aleteia - Espiritualidad católica, estilo de vida, noticias del mundo y cultura. https://aleteia.org/2022/04/06/guardian-angel-prayer-for-spiritual-protection/

Insight Network, Inc. (s.f.). Protección psíquica con el Arcángel Miguel. Insighttimer.Com. https://insighttimer.com/sarahhall444/guided-meditations/psychic-protection-with-archangel-michael

Richardson, T. C. (2021, 25 de mayo). Cómo conocer a tus ángeles de la guarda y liberar su poder. Mindbodygreen. https://www.mindbodygreen.com/articles/how-to-get-to-know-your-guardian-angels

Megan, M. (2020, 5 de octubre). Ángel Divino Invocación Sigils - Magick Megan. Medium. https://medium.com/@matohinlef7/divine-angel-summoning-sigils-b75c2d70b620

eskarda. (2021, 18 de agosto). 5 cristales para protegerse de la energía negativa. Yoga Journal. https://www.yogajournal.com/lifestyle/crystals-for-protection/

Skon, J. (2023, 13 de enero). 6 cristales para protegerte de la gente tóxica y la energía negativa. Mindbodygreen. https://www.mindbodygreen.com/articles/crystals-for-protection

Las 15 mejores plantas espirituales. (2020, 24 de diciembre). Blog Floweraura. https://www.floweraura.com/blog/plants-care-n-tips/top-10-spiritual-plants

Growing, B. (2021, 31 de agosto). Cómo Usar Plantas de Interior para la Protección Espiritual (14 Plantas). Cultivo de judías. https://www.beangrowing.com/houseplants-for-spiritual-protection/

Vierck, J. (2022, 23 de marzo). Los 8 símbolos de protección más poderosos y cómo usarlos. Karma y suerte. https://www.karmaandluck.com/blogs/news/8-powerful-protection-symbols-how-to-use-them

Wang, C. (2022, 10 de mayo). 7 símbolos de Protección Espiritual y sus Significados. Buda y Karma. https://buddhaandkarma.com/blogs/guide/spiritual-protection-symbols-meaning

Jennifer McVey, C. (2022, 14 de junio). Cómo hacer sellos. WikiHow. https://www.wikihow.com/Make-Sigils

Centro Espiritual Kallima - Boletín - Julio/Agosto 2020. (sin fecha). Flipbuilder.Com. https://online.flipbuilder.com/yjll/isyd/files/basic-html/page15.html

Wood, T. (2021, 21 de octubre). 10 señales de ataque espiritual. Iglesia Evergreen. https://evcsj.org/2021-10-21-10-signs-of-spiritual-attack/

6 maneras fáciles de romper una maldición mágica o maleficio. (2022, 5 de marzo). Brujería ecléctica. https://eclecticwitchcraft.com/break-a-magic-curse-or-hex/

Rose, M. (2022, 8 de diciembre). StyleCaster. StyleCaster. https://stylecaster.com/how-to-use-protection-magic/

Alex. (2021, 1 de octubre). 83 afirmaciones positivas para la protección espiritual (energía psíquica). Manifest Like Whoa! https://manifestlikewhoa.com/positive-affirmations-spiritual-protection/

Avantika. (2020, 23 de diciembre). 9 formas probadas de protegerse de los Ataques psíquicos. BigBrainCoach. https://bigbraincoach.com/psychic-attacks/

Cinco formas de protegerse de los ataques psíquicos. (s.f.). Gaia. https://www.gaia.com/article/protect-yourself-from-psychic-attacks

Cómo crear un escudo energético personal para protegerse - coach de la abundancia para mujeres de negocios. (2022, 23 de febrero). Coach de la Abundancia para Mujeres de Negocios | Evelyn Lim. https://www.evelynlim.com/how-to-create-a-personal-energy-shield-for-protection/

Cómo emborronar o realizar una ceremonia de limpieza de espacios en tu hogar. (2019, 23 de octubre). Glad.Is. https://glad.is/blogs/articles/how-smudge-or-hold-a-space-clearing-ceremony-in-your-home

Milazzo, N. (2022). Análisis e investigación de ritmos binaurales. https://examine.com/other/binauralbeats/

Productos originales. (2021, 18 de mayo). Protección espiritual contra ataques psíquicos. Botánica original; http://www.originalbotanica.com#creator https://originalbotanica.com/blog/spiritual-protection-against-psychic-attacks

Pawula, S. (2011, 17 de septiembre). Cómo crear una burbuja de autoprotección. Siempre Bien Dentro.
https://www.alwayswellwithin.com/blog/2011/09/18/vulnerability-and-protection

Peterson, K. (2020, 5 de septiembre). Baño espiritual: Limpieza energética DIY. Balance. https://www.balance-withus.com/blog/spiritual-bath-diy-energy-cleanse/

Sangimino, M. (2020, 20 de julio). Guion de meditación: Protegiendo tu energía. Alma y Mar. https://medium.com/soul-sea/meditation-script-protecting-your-energy-243d7929af3d

Tanaaz. (2015, 11 de marzo). 9 formas de protegerte de los ataques psíquicos. Forever Conscious.
https://foreverconscious.com/9-ways-to-protect-yourself-from-psychic-attacks

El Colegio de Estudios Psíquicos: Enlighten: Qué es un ataque psíquico. (s.f.). El Colegio de Estudios Psíquicos.
https://www.collegeofpsychicstudies.co.uk/enlighten/what-is-a-psychic-attack/

6 cristales para protegerte de la gente tóxica y la energía negativa. (2020, 11 de febrero). Mindbodygreen. https://www.mindbodygreen.com/articles/crystals-for-protection

9 poderosos cristales del elemento Aire para la inspiración. (2021, 15 de noviembre). Alquimia de cristales. https://crystalsalchemy.com/air-element-crystals

9 poderosos cristales del elemento Tierra para la abundancia. (2021, 15 de noviembre). Alquimia de cristales. https://crystalsalchemy.com/earth-element-crystals

9 poderosos cristales del elemento Agua para el amor y la paz interior. (2021, 17 de noviembre). Alquimia de Cristales. https://crystalsalchemy.com/water-element-crystals

Darcy. (2022, 4 de agosto). Runa de protección - su guía para los significados y el uso de las runas nórdicas. Mercader de Mitología. https://www.mythologymerchant.com/rune-for-protection-your-guide-for-the-meanings-and-use-of-norse-runes/

De Leonardis, K. (2022, 3 de mayo). 6 maneras de limpiar y proteger energéticamente tu hogar - Lynn Hazan. Lynnhazan.com. https://lynnhazan.com/lifestyle/6-ways-to-energetically-cleanse-protect-your-home/

Cristales del Elemento Fuego: Las 9 mejores piedras curativas para equilibrar tus elementos. (2021, 14 de noviembre). Alquimia de los cristales. https://crystalsalchemy.com/fire-element-crystals

Greenwood, C. (2021, 10 de diciembre). 9 rituales de protección para proteger tu espacio y tu energía. Outofstress.com. https://www.outofstress.com/protection-rituals/

Infundiendo magia popular en su hogar (con sal mágica de protección). (sin fecha). Beccapiastrelli.com. https://beccapiastrelli.com/house-witchery/

Insight Network, Inc. (s.f.). Temporizador - #1 aplicación gratuita de meditación para dormir, relajarse y mucho más. Insighttimer.com. https://insighttimer.com/kathrynmccusker/guided-meditations/kundalini-mantra-meditation-aad-guray-nameh-protection

Johnson, E. (s.f.). 3 sencillos rituales de protección. Zennedout.com. https://zennedout.com/3-simple-protection-rituals/

Kristenson, S. (2022, 6 de mayo). 60 afirmaciones de protección para sentirse seguro y protegido. Happier Human; Steve Scott. https://www.happierhuman.com/protection-affirmations/

Michelle, H. (2017, 12 de agosto). Ritual Warding para la Protección Espiritual de tu Hogar. Bruja en llamas. https://www.patheos.com/blogs/witchonfire/2017/08/warding-ritual-protection/

Rose, M. (2022, 8 de diciembre). Cómo usar la magia de protección: 5 hechizos que limpian la energía negativa. StyleCaster. https://stylecaster.com/how-to-use-protection-magic/

Thorp, T. (2019, 4 de febrero). Meditación guiada: Conéctate a tierra usando el elemento Tierra. Chopra. https://chopra.com/articles/guided-meditation-ground-yourself-using-the-earth-element

Tim, & Marieke. (2020, 1 de febrero). Aad Guray Nameh - mantra para la protección. Escuela de Kundalini Yoga. https://kundaliniyogaschool.org/2020/02/01/aad-guray-nameh-mantra-protection-kundalini-yoga/

Vialet B Rayne, C. (1566601033000). Arcángeles y sus cristales. Linkedin.com. https://www.linkedin.com/pulse/archangels-crystals-vialet-b-rayne-crmt/

Wigington, P. (2009, 5 de julio). Magia de protección. Aprender Religiones. https://www.learnreligions.com/magic-protection-spells-and-rituals-2562176

Minotra, T. (2022, 5 de julio). 70+ poderosas afirmaciones para la protección y la seguridad. ThediaryforLife.

https://www.thediaryforlife.com/affirmations-for-protection-safety

Segunda Parte:

15 señales de que está teniendo un despertar de kundalini + lo que significa. (2021, 18 de mayo). Mindbodygreen. https://www.mindbodygreen.com/articles/kundalini-awakening

Cuncic, A. (2019, 29 de mayo). Cómo practicar la meditación kundalini. Verywell Mind. https://www.verywellmind.com/what-is-kundalini-meditation-4688618

Isaacs, N. (2021, 4 de mayo). ¿Es seguro un despertar de kundalini? Diario de yoga. https://www.yogajournal.com/yoga-101/types-of-yoga/kundalini/kundalini-awakening/

Meditación kundalini: Beneficios, cómo intentarlo y peligros. (2020, 18 de agosto). Healthline. https://www.healthline.com/health/kundalini-meditation

Kundalini yoga 101: Todo lo que quería saber. (2018, 16 de marzo). Mindbodygreen. https://www.mindbodygreen.com/articles/kundalini-yoga-101-everything-you-wanted-to-know

Kundalini: Despertar al tesoro interior. (s.f.). Sadhguru.org. https://isha.sadhguru.org/us/en/wisdom/article/kundalini-awakening

Comprender los chakras y la energía kundalini. (s.f.). El arte de vivir (India). https://www.artofliving.org/in-en/understanding-chakras-and-kundalini-energy

Usted está siendo redirigido. (s.f.). Ananda.org. https://www.ananda.org/meditation/meditation-support/articles/awakening-kundalini

Fuentes de imágenes

1 https://unsplash.com/photos/W3Jl3jREpDY?utm_source=unsplash&utm_medium=referral&utm_content=creditShareLink
2 https://pixabay.com/sv/photos/yoga-utomhus-soluppg%C3%A5ng-meditation-6723315/
3 https://www.pexels.com/photo/a-golden-balance-scale-beside-a-laptop-6077797/
4 https://www.pexels.com/photo/a-woman-holding-a-sage-with-smoke-6628539/
5 https://pixabay.com/images/id-198958/
6 https://unsplash.com/photos/Oo9IunFNKcE?utm_source=unsplash&utm_medium=referral&utm_content=creditShareLink
7 https://unsplash.com/photos/bGxyxfqeq34?utm_source=unsplash&utm_medium=referral&utm_content=creditShareLink
8 https://unsplash.com/photos/x69K221AGHw?utm_source=unsplash&utm_medium=referral&utm_content=creditShareLink
9 https://unsplash.com/photos/x5hyhMBjR3M?utm_source=unsplash&utm_medium=referral&utm_content=creditShareLink
10 https://unsplash.com/photos/1ddol8rgUH8?utm_source=unsplash&utm_medium=referral&utm_content=creditShareLink
11 https://www.dollsofindia.com/product/hindu-posters/maa-shakti-encompassing-entire-universe-reprint-on-paper-II99.html, CC BY-SA 4.0 <https://creativecommons.org/licenses/by-sa/4.0>, vía Wikimedia Commons https://commons.wikimedia.org/wiki/File:Maa_Shakti.jpg
12 https://pixabay.com/es/illustrations/chakra-mandala-chakra-ra%c3%adz-1340058/
13 https://pixabay.com/es/illustrations/naranja-chakra-mandala-svadhisthana-1340073/
14 https://pixabay.com/es/illustrations/mandala-chakra-del-plexo-solar-1340066/

15 https://pixabay.com/es/illustrations/verde-anahata-chakra-del-coraz%c3%b3n-1340075/
16 https://pixabay.com/es/illustrations/azul-claro-vishuddha-chakra-mandala-1340078/
17 https://pixabay.com/es/illustrations/azul-chakra-mandala-meditaci%c3%b3n-1340076/
18 https://pixabay.com/es/illustrations/violeta-blanco-chakra-1340083/
19 Mr. Yoga, CC BY-SA 4.0 <https://creativecommons.org/licenses/by-sa/4.0>, via Wikimedia Commons https://commons.wikimedia.org/wiki/File:Mr-yoga-mountain-pose-1.jpg
20 https://pixahive.com/photo/utka%E1%B9%ADa-ko%E1%B9%87asana-goddess-pose/
21 Mr. Yoga, CC BY-SA 4.0 <https://creativecommons.org/licenses/by-sa/4.0>, via Wikimedia Commons https://commons.wikimedia.org/wiki/File:Mr-yoga-sun_salutation_1.jpg
22 https://pixahive.com/photo/cobra-pose-bhujangasana/
23 Mr. Yoga, CC BY-SA 4.0 <https://creativecommons.org/licenses/by-sa/4.0/deed.en> vía Wikimedia Commons https://commons.wikimedia.org/wiki/File:Mr-yoga-fish-pose.jpg
24 https://pixabay.com/es/photos/yoga-childs-pose-asana-2959214/
25 https://www.pexels.com/photo/strong-woman-doing-sirsasana-posture-6454199/
26 https://unsplash.com/photos/rOn57CBgyMo
27 https://unsplash.com/photos/n8L1VYaypcw
28 Siddhasana.jpg: http://www.yogaartandscience.com/about/about.htmlderivative work: Mirzolot2, CC BY-SA 3.0 <https://creativecommons.org/licenses/by-sa/3.0>, via Wikimedia Commons https://commons.wikimedia.org/wiki/File:Yoga_all_chakras_and_chakraserpent.png

www.ingramcontent.com/pod-product-compliance
Lightning Source LLC
Chambersburg PA
CBHW051854160426
43209CB00006B/1302